UNITED WE CONQUER

COMMANDOS MARINE, ILS RACONTENT LEUR HISTOIRE

À la mémoire d'Alain Bertoncello, de Cédric de Pierrepont
ainsi qu'à tous les soldats Francais qui ont œuvré
et œuvrent encore pour la liberté.

« Une vie arrêtée n'est pas une vie perdue. »

Le président de la République, chef des Armées, aux Invalides,
lors de la cérémonie d'hommage à Alain Bertoncello et Cédric de Pierrepont

UNITED WE CONQUER

COMMANDOS MARINE, ILS RACONTENT LEUR HISTOIRE

Photographies : Kellian Bier

Textes : Jean Huck

Illustrations : Hubert Dumont Saint Priest

Préface du contre-amiral Pierre de Briançon

COMMANDOS MARINE

PRÉFACE

Contre-amiral Pierre de Briançon,

Commandant de la force maritime des fusiliers marins et commandos.

À l'image du milieu dans lequel il évolue, la vie d'un commando Marine est agitée et tumultueuse. Les forces spéciales de la Marine traversent, avec courage et résilience, les tempêtes pour garder un unique cap : celui de l'excellence.

C'est cet esprit qui animait les 177 membres du commando Kieffer qui débarquèrent en juin 1944 et qui alimente, aujourd'hui encore, la flamme de l'esprit commando. Bérets verts d'hier et d'aujourd'hui, ils ont construit, par leur succès, leur audace, et leur esprit d'équipage, notre héritage commun.

Ces hommes d'exception connaissent le prix de leur engagement en tant que commandos Marine. Ils font le choix de rester dans l'ombre, loin des projecteurs de la gloire et de la médiatisation, et remplissent avec courage des missions loin de chez eux.

Mais si les commandos Marine gardent leurs secrets, il est important qu'ils partagent leurs valeurs, ne serait-ce que pour montrer la voie à suivre à leurs successeurs. Jean et Kellian mettent ainsi à la lumière du jour, l'espace d'un instant, des opérateurs plus habitués à la discrétion et à l'obscurité.

Avec le temps, comme pour tout le monde, le souvenir de ces opérateurs hors du commun pourra s'éteindre un jour; mais nous portons tous en nous le devoir de mémoire de ce qu'ils ont fait et vécu. Ce livre, en recueillant leurs témoignages, de façon simple et sobre, contribue à maintenir vivants leurs souvenirs, qui sont autant de leçons de vie.

Honorons la mémoire de nos frères d'armes tombés lors de leur mission, soyons fiers de nos anciens, cultivons l'esprit commando Marine, car « unis nous conquérons ».

Kellian Bier

Jean Huck

INTRODUCTION

Après une longue et éprouvante période de cours et de stage, j'atteins mes objectifs de toujours et réalise enfin mon rêve d'enfant: en 2016 je suis breveté commando Marine et intègre le commando Jaubert.

Cinq années passent, l'entraînement, les départs à l'étranger rythment les saisons. Je quitte ensuite Jaubert et mon groupe avec tristesse pour intégrer, au commando Kieffer, une nouvelle cellule spécialisée dans le renseignement.

Fort de mes compétences en photographie, acquises lors de différents stages militaires, et passionné par la mer, je quitte finalement l'Institution pour me consacrer à la photographie aquatique.

Depuis mon plus jeune âge, je suis bercé par les histoires vécues par mon père et ses amis, d'anciens commandos Marine qui ont passé, pour certains, jusqu'à quarante années au sein de cette prestigieuse unité. Des histoires hors du commun que je ne voulais pas voir disparaître avec eux.

Le décès récent de deux camarades du commando Hubert, Alain Bertoncello et Cédric de Pierrepont m'a beaucoup touché, comme nombre de mes frères d'armes.

Je décide alors de rendre hommage à ceux des nôtres qui ont disparu à travers un ouvrage mêlant photographies et récits.

À ceux qui sont partis mais aussi à mes frères qui mettent leur vie en péril pour protéger nos familles, *United we conquer*, nom tiré de la devise héritée du 1er BFMC – bataillon de fusiliers marins et commandos – est donc un hommage artistique à ces hommes de l'ombre. Les récits permettent de capturer l'essence même des commandos Marine: fraternité et unité dans l'adversité.

Portraits bruts, les photos agissent en miroir des récits derrière les cicatrices, les sourires affichés, les fronts plissés, les rides au coin des yeux. Les images et les textes racontent avec pudeur les événements hors du commun que peuvent vivre les commandos Marine.

Vous l'aurez compris, ce ne sont pas seulement des histoires de soldats mais aussi d'hommes qui sont illustrées ici.

Kellian

Triés sur le volet, entraînés sur terre, dans les airs, sur et sous mer, parés aux aléas des déserts, des montagnes, des océans, les commandos Marine ne faiblissent jamais. Ces hommes des forces spéciales avancent dans l'inconnu, dans les profondeurs des nuits orientales comme sous les pluies battantes des mers les plus froides. Le groupe est leur force et chacun mesure la confiance qu'il place en ses camarades à ce qu'ils ont prouvé à l'entraînement et sur le terrain. Les erreurs sont cher payées car ce sont autant de vies menacées par l'ennemi. L'exigence et la rigueur sont donc de mise et aucune défaillance n'est tolérée.

La vie de commando Marine est dure, elle abîme parfois les hommes. Il faut prouver sa valeur à tout instant et afficher une détermination sans faille pour maintenir sa place dans le groupe. Pour le peu d'élus qui réussissent les fameuses et redoutables sélections, entrer chez les commandos Marine relève de la vocation doublée du sacerdoce. L'éloignement régulier et prolongé jouant, cette vie est compliquée à gérer. Entre famille et obligations professionnelles, se montrer à la hauteur sur tous les plans est un exercice complexe.

Officier aspirant au commando Kieffer, badge n° 8579 des commandos Marine, j'ai eu l'occasion de croiser des hommes exceptionnels – et ce livre en témoigne.

Je dois beaucoup à mes camarades qui sont commandos ou qui ont quitté l'Institution, à mes amis, supérieurs et encadrants du commando Kieffer. À mes costagiaires et mes instructeurs également, qui m'ont appris à payer mes erreurs avec dignité, à rester grand dans la difficulté et m'ont permis de pouvoir, sans honte, fixer quiconque dans les yeux.

Peu d'hommes réussissent les sélections, encore moins deviennent d'aussi grands guerriers qu'en comptent les commandos Marine dans leurs rangs. Dans l'ombre, ils agissent loin des caméras et des articles de journaux. Parfois, certains événements auxquels ils prennent part brillent dans l'actualité, mais leur implication est souvent occultée et aucun ne sera jamais cité.

Raconter leurs histoires est ma manière de les remercier, moi qui n'ai pas eu la force de vivre la vie qu'ils ont. Leurs sacrifices ont un prix et c'est celui des récits consignés dans ce livre. Ceux de destins hors du commun, d'événements connus du grand public ou restés longtemps tus, anecdotes joviales ou récits tragiques.

Habitués au plus dur, ils font preuve d'une humilité déroutante. Rien n'est jamais trop difficile, d'autres ont connu pire. Quand ce n'est pas le droit d'en connaître qui les pousse à taire leurs faits d'armes, la modestie les y contraint. Ces héros ont leurs pudeurs, il faut parfois lire entre les lignes pour comprendre ce qui n'est pas dit.

Soldats d'exception, héros anonymes.

Jean

Un opérateur du commando Jaubert.

SOMMAIRE

Il existe un groupe de contre-terrorisme et libération d'otage dans chacun des cinq commandos : Jaubert, Trépel, de Montfort, de Penfentenyo et Hubert. Ici un opérateur du CTLO.

1

ASSAUTS CONTRE-TERRORISME ET LIBÉRATION D'OTAGE

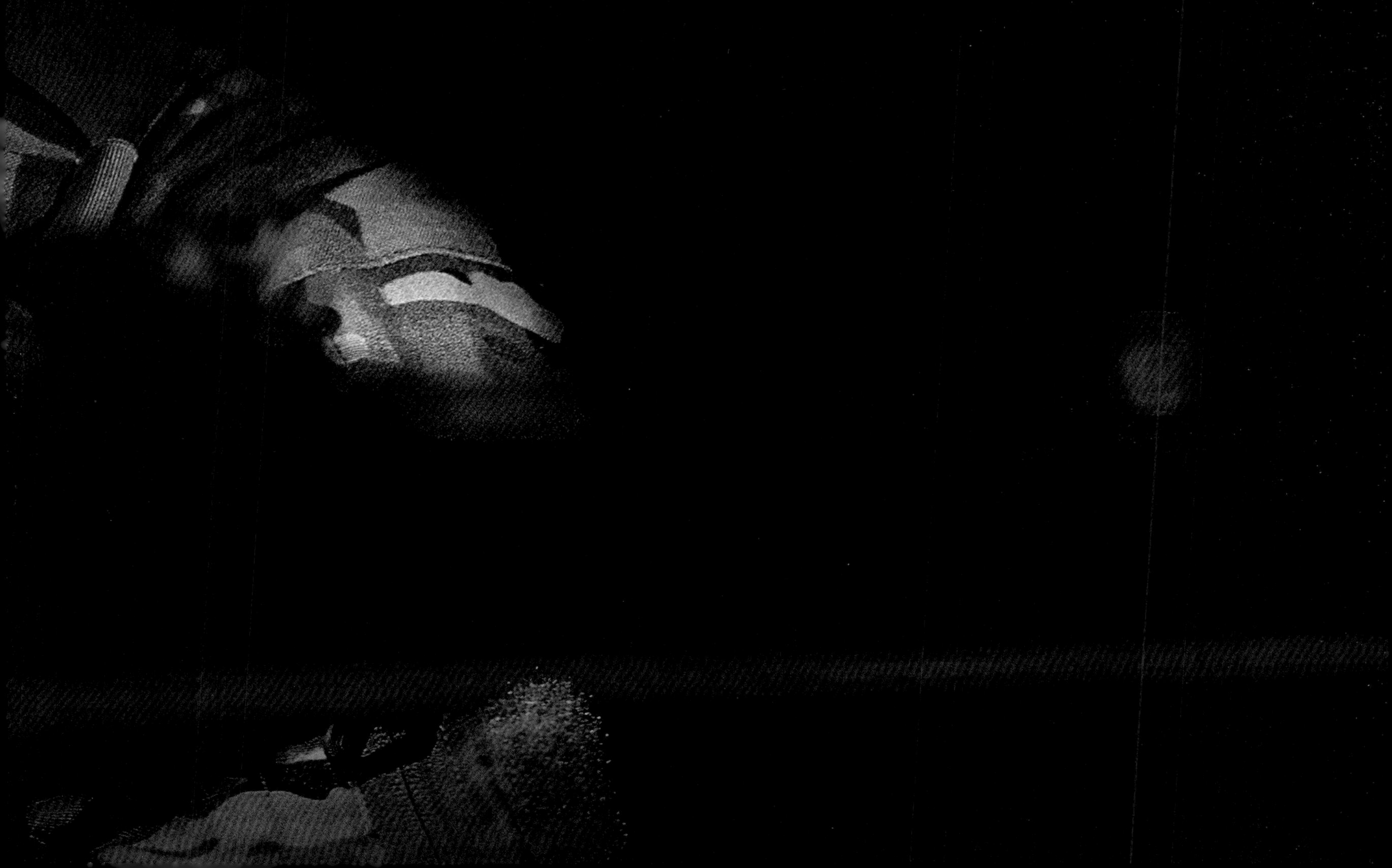

UNE NUIT D'INFILTRATION

Nous sommes le 22 avril 1988 quand une prise d'otage a lieu à Fayaoué sur l'île d'Ouvéa en Nouvelle-Calédonie. Des indépendantistes kanaks* du FLNKS* armés de machettes, de haches et de fusils de chasse viennent par surprise de prendre d'assaut la gendarmerie de Fayaoué, faisant vingt-six otages et quatre morts parmi les gendarmes. Un groupe de quinze otages, ainsi que leurs ravisseurs, sous les ordres de leur chef Alphonse Dianou, se retranchent au nord de l'île dans une grotte difficilement accessible et localisable.

« On s'entraîne toute notre vie pour être prêts pour ces moments, la moindre erreur, la moindre hésitation peut être fatale pour nous, pour le groupe, pour les otages. »

Après plusieurs jours de négociations infructueuses entre les autorités et les ravisseurs, l'état-major des armées appelle un élément du 11e choc et du commando Hubert dont je faisais partie, en renfort du GIGN déjà présent sur zone, pour planifier et mener ensemble une opération permettant la libération des otages.

À la suite de l'avis des trois commandants, des éléments d'assaut et plusieurs modes d'actions envisagés entre les autorités civiles et militaires sont écartés pour cause d'effets collatéraux trop importants. Malgré les risques et les pertes probables et importantes envisagées parmi les assaillants, est alors planifiée une opération classique de type infiltration lointaine suivie d'une infiltration immédiate nous permettant de mettre en place une base d'assaut au plus près de la grotte.

Les conditions météo, notamment des fortes pluies, et l'absence sur zone, pour cette même raison, des porteurs de thé, nous étaient très favorables pour un assaut initialement prévu à l'aube du 4 mai. Assaut malheureusement reporté de vingt-quatre heures. Le bruit de la pluie qui s'abattait sur les arbres aurait permis ce jour une approche discrète. De plus, les ravisseurs avaient déserté leurs postes de garde pour se mettre à l'abri. C'était le moment idéal.

Le feu vert pour l'opération a été donné le lendemain, 5 mai même horaire. En vingt-quatre heures, les conditions météo ont changé du tout au tout. Elles ne nous étaient plus favorables, il faisait beau et les ravisseurs étaient au complet.

Le 5 mai à l'aube, après une infiltration qui a duré toute la nuit, nous montons à l'assaut sans l'effet de surprise espéré. Le groupe du commando Hubert, spécialisé dans le contre-terrorisme maritime (CTM), et le GIGN prennent d'assaut le cratère et la grotte, neutralisant ainsi les premiers guetteurs. Le 11e choc a permis de détruire les postes de combat aménagés autour du cratère, les ravisseurs survivants se repliant à l'intérieur de la grotte.

C'est au cours de ce premier assaut que deux hommes du 11e choc sont mortellement blessés. Il faudra un second assaut après quatre heures de négociations pour enfin libérer les otages.

Le bilan définitif est lourd. Dix-neuf ravisseurs et deux hommes du 11e choc perdent la vie et nous comptons quatre blessés graves parmi les hommes du commando Hubert et du GIGN.

Cette opération a été unanimement reconnue comme un succès malgré les pertes importantes chez les ravisseurs car elle a permis la libération de vingt-trois otages sains et saufs (quinze gendarmes à la brigade de Fayaoué et huit gendarmes du GIGN capturés pendant les négociations).

Il est difficile d'exprimer avec précision ce que nous vivons pendant de tels assauts tant nous sommes concentrés sur notre objectif, notre cible. On oscille constamment entre prudence et vaillance. On jongle avec des décisions vitales qui peuvent changer le cours d'une mission en quelques secondes. On s'entraîne toute notre vie pour être prêts pour ces moments, la moindre erreur, la moindre hésitation peut être fatale pour nous, pour le groupe, pour les otages. Nos automatismes, nos capacités d'analyse et de prise de décision sont le fruit d'un entraînement permanent que tous les commandos connaissent.

Nous sommes au fait des risques et les assumons. Nous savons pourquoi nous avons choisi ce métier mais nous ne sommes pas insensibles. La perte d'un frère d'armes est toujours une plaie qui ne se referme jamais complètement, mais l'esprit de fraternité au sein des commandos nous rappelle que nous ne sommes pas seuls, nous sommes unis à la fois dans l'adversité, dans les épreuves mais aussi dans les joies que la vie nous réserve.

PIRATERIE DANS L'OCÉAN INDIEN

Le 2 septembre 2008, Jean-Yves et Bernadette, missionnés pour le convoyage du voilier *Carré d'As* de l'Australie à La Rochelle, sont pris en otage par des pirates au large de la Somalie, dans le golfe d'Aden. Dans un accès de lucidité, Jean-Yves a eu le temps d'envoyer un message de détresse: « Mayday, mayday! Nous sommes abordés par des pirates » avant que les Somaliens ne montent à bord.

Après confirmation de la prise d'otage par un vol américain, les autorités françaises ne perdent pas de temps. Le *Courbet,* une frégate furtive de la Marine nationale patrouillant au large de Djibouti, est envoyé sur place pour surveiller le voilier et les mouvements des pirates en restant à bonne distance.

Sur terre, vingt-cinq nageurs de combat du commando Hubert sont appelés pour partir sur l'opération de libération d'otages. Tout va très vite puisque sortie renforcée par le succès du *Ponant* six mois plus tôt, l'image du commando Hubert est à son meilleur et l'état-major français lui fait dorénavant confiance les yeux fermés sur les sujets de contre-terrorisme maritime. Du point de vue logistique, c'est pareil. Les retours d'expérience du *Ponant* sont déjà tombés, les similitudes sont frappantes, même zone, même ennemi.

Quarante-huit heures après le signal de détresse du *Carré d'As,* les commandos sont parachutés sur le *Courbet.* Le Quai d'Orsay a dépêché un négociateur qui se fait passer pour le cousin de Jean-Yves chargé de rassembler les 1,4 million de dollars exigés. Les négociations avec les pirates commencent. Signe qu'ils ne sont pas pressés, les pourparlers avec les pirates sont calmes. Cela va laisser le temps aux hommes d'Hubert de préparer méticuleusement l'opération.

La nuit même de leur arrivée sur le *Courbet,* les nageurs de combat partent en raid de reconnaissance. La nuit sans lune leur est propice. Sur leurs Futuras – embarcations légères et discrètes – les soldats d'élite se rapprochent du voilier et recueillent toutes les informations nécessaires à un assaut: dimensions du pont, portes, état des voiles, matériaux. Rien n'échappe à leur expertise.

Ces informations, doublées de celles issues des plans de l'armateur, leur servent à reproduire le voilier en taille réelle à l'adhésif sur le pont du *Courbet.* Là, des jours durant, ils s'entraînent à l'assaut, envisagent tous les scénarios possibles et les cas non conformes auxquels ils pourraient être confrontés, peaufinent leurs gestes.

Le treizième jour, le *Carré d'As* se rapproche dangereusement du village de pirates où il sera très difficile d'aller chercher les otages. Il faut intervenir, en dépit des conditions de navigation exécrables. La mer est déchaînée, les conditions lumineuses nocturnes ne sont pas les plus favorables. Les commandos mettent cinq heures à parcourir la dizaine de miles qui les séparent du *Carré d'As,* la mer met à mal la résistance des bateaux pneumatiques et des hommes. Même pour les plus aguerris des commandos d'Hubert, ce raid reste la navigation la plus difficile qu'ils n'aient jamais faite.

« Mis à l'épreuve par le climat, les commandos ont restitué des années d'entraînement minutieux dans les airs, sur et sous mer. »

À 200 mètres des pirates et de leurs otages, le vert assaut est donné puis les communications sont coupées. Une fusée éclairante est lancée, la sentinelle sur le pont se relève. Tir tête, sentinelle neutralisée. L'équipe d'assaut accoste le *Carré d'As* par l'arrière et grimpe sur le bateau. Le pont vide d'assaillant, la base d'assaut se constitue devant la porte de la cabine principale. Chacun y connaît son rôle et sa position. Une grenade assourdissante est lancée à l'intérieur puis le groupe entre dans la fumée. Dans le carré central, deux preneurs d'otages sont immédiatement maîtrisés. L'investigation continue car les commandos doivent appréhender les cinq pirates présents sur le bateau le plus vite possible, sans quoi, ils risquent de prendre les otages comme bouclier humain. Ces derniers sont retrouvés, cachés à l'arrière du bateau dans un ultime réflexe de survie. Les membres du commando Hubert neutralisent les trois pirates restants et recueillent les otages.

Emmenés sur le *Courbet,* les otages sont sains et saufs, la mission est réussie. Le *Carré d'As* est convoyé à Djibouti par les commandos Marine avant que ceux-ci, mis d'alerte sur une prise d'otage d'un tanker anglais, le laissent à des fusiliers marins qui finiront le trajet.

Cette mission est un franc succès pour Hubert. Mis à l'épreuve par le climat, les commandos ont restitué des années d'entraînement minutieux dans les airs, sur et sous mer. Pour les commandos du *Carré d'As,* c'est un aboutissement technique et humain. L'état-major français n'en ressort que plus fort. En six mois, avec le *Ponant* puis le *Carré d'As,* il a démontré sa légitimité à contrer la piraterie maritime dans l'océan Indien.

UNE RÉPONSE PROPORTIONNÉE

Nous sommes en Guyane, ce magnifique bout de terre français d'Amérique du Sud. L'espace maritime qui la borde est gigantesque. Si les paisibles fonds marins regorgent de poissons, il en est autrement à la surface. La pêche intensive et illicite des pêcheurs brésiliens et surinamiens fait rage et impacte l'activité économique locale, le travail des pêcheurs guyanais comme l'environnement marin.

Pour préserver nos eaux de la convoitise de ces pêcheurs, des actions maritimes de police des pêches sont mises en place et les commandos Marine sont les derniers maillons de cette chaîne bien ficelée.

À bord du patrouilleur *Antilles Guyane* nous voguons sur les flots à la recherche de tapouilles*. C'est dans ces bateaux en bois, typiques de la région amazonienne, que les pêcheurs prennent le large. D'expérience nous savons qu'ils peuvent être très virulents. Ils n'hésitent pas à utiliser leurs machettes ou de longues perches munies d'une lame qu'on appelle des « gaffes ». Nous sommes prêts à y faire face, notre préparation est peaufinée depuis notre départ de Lorient où nous nous sommes rompus de très nombreuses fois à l'exercice. La réponse que nous opposerons sera proportionnée à leurs actes de piraterie.

Ce matin d'octobre, le patrouilleur repère une tapouille dans nos eaux nationales, le vert assaut est donné. Le groupe se scinde en deux et nous montons chacun dans une embarcation rapide de modèle ECUME. Je suis dans celle qui prend d'assaut la tapouille; les camarades dans l'autre embarcation doivent assurer notre protection. Équipés d'armes non létales – flashballs, gomme cogne* –, ils se positionnent sur le côté du bateau de pêcheurs et empêchent les mouvements hostiles. En règle générale, l'approche immédiate est délicate car les pêcheurs laissent, à leur habitude, un chalut entre deux eaux pour que nos moteurs s'y prennent et s'y cassent. Habitués à la manœuvre nos pilotes ne s'y méprennent pas et le contact est vite assuré. Nous nous rapprochons et nous signalons « Marine française ! » La réponse est vive, notre bouclier est la cible de coups de machettes et l'ECUME essuie des tirs de fusées de détresse. Nos camarades dans l'autre embarcation noire ripostent sans hésiter. En dépit de la houle bien formée, les tirs sont précis et les pêcheurs, touchés à la poitrine, battent en retraite. L'ordre est donné de profiter du mouvement pour monter sur la tapouille. Des filets de pêche ralentissent notre abordage. Couverts par les copains, nous nous hissons agilement sur le pont.

« Notre bouclier est la cible de coups de machettes et l'ECUME essuie des tirs de fusées de détresse. »

Aussitôt, de costauds gaillards nous sautent dessus. Notre approche tactique et l'avantage de notre équipement nous permettent de prendre le dessus rapidement. Le capitaine est mis de côté et interrogé, ses hommes sont menottés et surveillés. La fouille commence et l'on s'assure d'abord du bon état de la coque car il est arrivé plus d'une fois que des pêcheurs sabordent leur navire avant l'abordage. Avec ces hommes aux mains entravées et blessés pour certains, l'issue pourrait en être catastrophique. Plusieurs tonnes de poissons, une dizaine de kilos de vessies natatoires et une vingtaine d'ailerons de requins sont saisis.

Cette année-là, la Marine nationale a saisi plus de deux cent cinquante kilomètres de filets de pêche, quatre-vingts tonnes de poissons et plus d'une tonne de vessies natatoires.

Un fusil mitrailleur est une pièce maîtresse dans un groupe commando. Sa cadence de tir élevée et son calibre conséquent permettent à la fois d'en assurer la protection et de progresser rapidement.

PRISE DE VITESSE, LA CIBLE EST RÉCUPÉRÉE

La planification de mission nous a conduits à retenir l'option la plus simple : mener un assaut de vive force sur le baraquement de tôles dans lequel notre cible se cache depuis quelques jours.

Voilà que, rendus sur l'objectif, après des kilomètres de marche d'infiltration discrète dans la nuit, tout paraît facile. Les renseignements ont fait du bon boulot, nous connaissons parfaitement le bâtiment, son environnement et ses occupants. Seul leur va-et-vient suit des règles obscures et la porte d'entrée est toujours gardée par un factionnaire immobile. Il faut trouver rapidement une stratégie et lancer l'assaut dans les temps pour pouvoir se replier avant l'aube, sans quoi, en terrain hostile, nous serions vulnérables. À quelques centaines de mètres de l'objectif, nous mettons au point l'assaut avec mes camarades. Soudain je sens une présence, me retourne et me trouve quasi nez à nez avec un berger, entouré de ses chèvres. Il reste bouche bée, immobile face à nous. D'un regard avec le groupe nous tombons d'accord. J'emprunte la tunique du berger, l'enfile. Elle sent fort. D'origine réunionnaise, le teint hâlé par le soleil d'Afrique, c'est désormais moi le berger. Lui reste gardé à l'écart, avec le groupe, afin d'empêcher une fuite qui pourrait nous être fatale.

Je me rapproche de l'objectif avec le troupeau, vêtu de ces longs habits blancs qui permettent, dans les plaines étendues de cette région, de repérer au loin les bergers. Le bâton dans la main gauche et mon pistolet mitrailleur MP5 caché sous ma tunique, j'avance à pas lents, avec l'allure indolente caractéristique de ces hommes qui vivent au gré de leur troupeau. L'objectif se fait de plus en plus proche et le garde ne se méfie pas. À très courte distance maintenant, je soulève ma tunique d'un geste brusque et découvre mon MP5. Je pointe mon arme et presse la détente. Le regard ahuri du factionnaire croise le mien. « Garde neutralisé », annoncé-je au micro.

Dans la foulée, le vert assaut est donné. Il ne faut laisser aucune chance à l'ennemi, l'assaut est très brutal. En une fraction de seconde, les copains qui s'étaient avancés à couvert m'ont rejoint et sont déjà à la porte d'entrée. Au signal, des grenades flash et assourdissantes sont lancées. L'éclat aveugle les gardes qui sont neutralisés à l'intérieur de la baraque. Saisie par la peur, prise de vitesse, la cible est récupérée immobile dans son lit. Cagoulé, les mains attachées dans le dos, notre homme sort de la maison, entouré du groupe qui l'encadre solidement.

« Je soulève ma tunique d'un geste brusque et découvre mon MP5. Je pointe mon arme et presse la détente. »

Quelques secondes plus tard, le grondement d'un hélicoptère se fait entendre. À travers ma cagoule, je sens le sable qui fouette le tissu. Genoux à terre, tête courbée pour faire face à la violente bourrasque provoquée par les pales, l'air chaud me saisit à la gorge. Le Puma est au-dessus de nos têtes ! Nous enfilons le harnais de la *target* – le nôtre est sous nos gilets – et nous nous harnachons à l'épaisse corde qui nous est lancée depuis là-haut. La force incroyable des moteurs nous arrache du sol et nous voilà flottant dans les airs en grappe, les uns au-dessus des autres. Le bruit des moteurs nous apaise dans le silence pesant de la nuit, à une centaine de mètres du sol, tout est plus calme. L'air frais du jour levant caresse nos visages, les lumières de la ville flottent encore au loin et, peu à peu, nous nous en rapprochons. Un sentiment de paix nous envahit à mesure que le danger s'éloigne, l'heure est à la contemplation.

La base est maintenant sous nos pieds et le sol se rapproche rapidement. À terre, la cible est remise aux autorités qui l'interrogeront… L'exercice est terminé.

HUMILITÉ, COURAGE

Il est 7 heures du matin, je me lève et me dirige tranquillement vers le réfectoire pour prendre mon petit déjeuner, comme tous les jours. Tout de suite, je me rends compte que le camp est animé. Le temps de prendre un café et nous voilà directement propulsés en salle de briefing: cette nuit, les drones ont repéré des mouvements ennemis dans un des sanctuaires terroristes du Mali.

Tout s'accélère. Yo, notre chef, décide de rassembler le groupe pour préparer le matériel rapidement. Car nous ne savons pas si les terroristes vont rester longtemps sur place. En urgence, nous planifions un assaut de nuit héliporté sur la position ennemie pour exécuter un assaut. Nous serons appuyés par un hélicoptère d'attaque Tigre et un deuxième groupe de combat. Avec excitation, nous attendons la nuit, nous peaufinons la préparation du matériel et finissons notre étude du terrain.

L'hélico est là, les regards que nous échangeons en disent long. C'est parti. On décolle. Une fois arrivé sur la zone d'action, l'hélicoptère se pose, la poussière se lève, nous sortons un à un de l'habitacle le plus vite possible. La lisière de la forêt fait office de point de regroupement. L'ordre est donné d'avancer, la reconnaissance commence.

Face à nous un grand glacis*, long comme un terrain de foot, très plat et sans obstacle naturel. La situation est dangereuse: en pénétrant dans cette zone, le groupe devient une cible facile. À la radio, les ordres nous pressent d'accélérer pour accéder à un terrain plus favorable. Dans mes jumelles de vision nocturne, je vois parfaitement le laser du drone qui désigne la position ennemie, là-bas, devant moi, en plein milieu de ces bois. La communication nous remonte plusieurs informations. Ils sont sept ou huit, AK-47 à la main, et se déplacent d'arbre en arbre. En quelques secondes, la cadence qui rythme les mouvements du groupe diminue, et, comme dans un jeu d'équipe bien rodé, nous le sentons sans que personne ne l'ait formulé. Avec prudence, nous scrutons l'obscurité. Dans nos casques on nous annonce qu'ils ne sont maintenant plus qu'à cinquante mètres. Nous stoppons, aux aguets, dans l'espoir d'obtenir des renseignements. Mais la forêt est trop dense pour que nous arrivions à les voir ou les entendre. La reconnaissance recommence de plus belle. Par chance, je trouve un chemin qui mène directement à l'arbre désigné par le drone.

Nous gardons la ligne. Je le sens, c'est pour moi. Arrivé à trente mètres, je distingue facilement des silhouettes debout le long de l'arbre. Je monte mon arme et progresse pas à pas. Arrivé à vingt mètres, l'arme du combattant se dessine, je m'apprête à effectuer un tir de sommation à ses pieds. Au même moment, il élève son arme! C'est le vert action pour le neutraliser. Après les premiers coups de feu, les échanges de tirs s'intensifient, et après seulement cinq secondes, une balle m'impacte au niveau du cœur.

Première réaction: «Ça y est, c'est fini, c'est mon jour.» Propulsé en arrière, ma chute est interminable. Au sol, je sens que la balle n'a pas pénétré la peau, qu'elle s'est arrêtée dans ma plaque de gilet. Les gars autour de moi sont en meilleure position pour effectuer un appui correct. Je rends compte à la radio: «De Matt, je suis touché.» Face à moi, l'ennemi bouge encore, il tente de se relever de la salve que je lui ai envoyée mais je finis mon chargeur en essayant de m'extraire vers l'arrière. «Matt, tu peux te lever et tu pars à gauche», dit calmement une voix grésillante dans mes oreilles. Sans réfléchir, je m'exécute. Mich est maintenant juste à côté de moi et je me protège derrière lui. Avec son sang-froid caractéristique, Mich a la lucidité de me poser les questions qu'il faut pour me rassurer tout en continuant le combat. Quelques secondes s'écoulent, encore une fois je constate ma chance, car la balle est restée dans la plaque, j'en suis persuadé. L'adrénaline laisse maintenant place à une brûlure vive qui envahit le côté gauche au niveau de mes pectoraux. Je serre les dents. «Décrochez! Décrochez! Décrochez! Passe canon tigre.» Nous sommes trop près pour rester sur place, Mich et moi nous extrayons le plus vite possible sur l'arrière, quelques mètres suffisent. Une fois à couvert, le Tigre fait un boulot exceptionnel pour sécuriser la zone. Vivy, mon infirmier, est près de moi; sous une bâche, on se permet d'allumer une petite lampe rouge pour vérifier une dernière fois que la balle est bien restée dans la plaque. Il me regarde et me dit: «Putain, mec, t'en as de la chance!» Et puis nous repartons.

« Après seulement cinq secondes, une balle m'impacte au niveau du cœur. »

Cette nuit-là, rien ne nous arrête. D'une position à une autre nous continuons à chercher l'ennemi. Au petit matin, les hélicos nous récupèrent. À chaque fois que je les vois arriver j'éprouve les mêmes sentiments: celui d'avoir accompli ma mission, celui du travail bien fait et celui d'appartenir à un groupe exceptionnel, le groupe de contre-terrorisme et libération d'otage du commando Trépel. Aux soldats, à mes frères d'armes.

Ce moment est aujourd'hui mon moteur lorsque je fais face à l'adversité. Tous, un jour où l'autre, faisons face à une situation délicate. À nous d'être préparés et de suivre notre instinct. Quatre mots me guident chaque jour: humilité, courage, contrôle, confiance. Apprenez à en maîtriser le sens et vous deviendrez l'homme que vous souhaitez être. J'y travaille encore aujourd'hui...

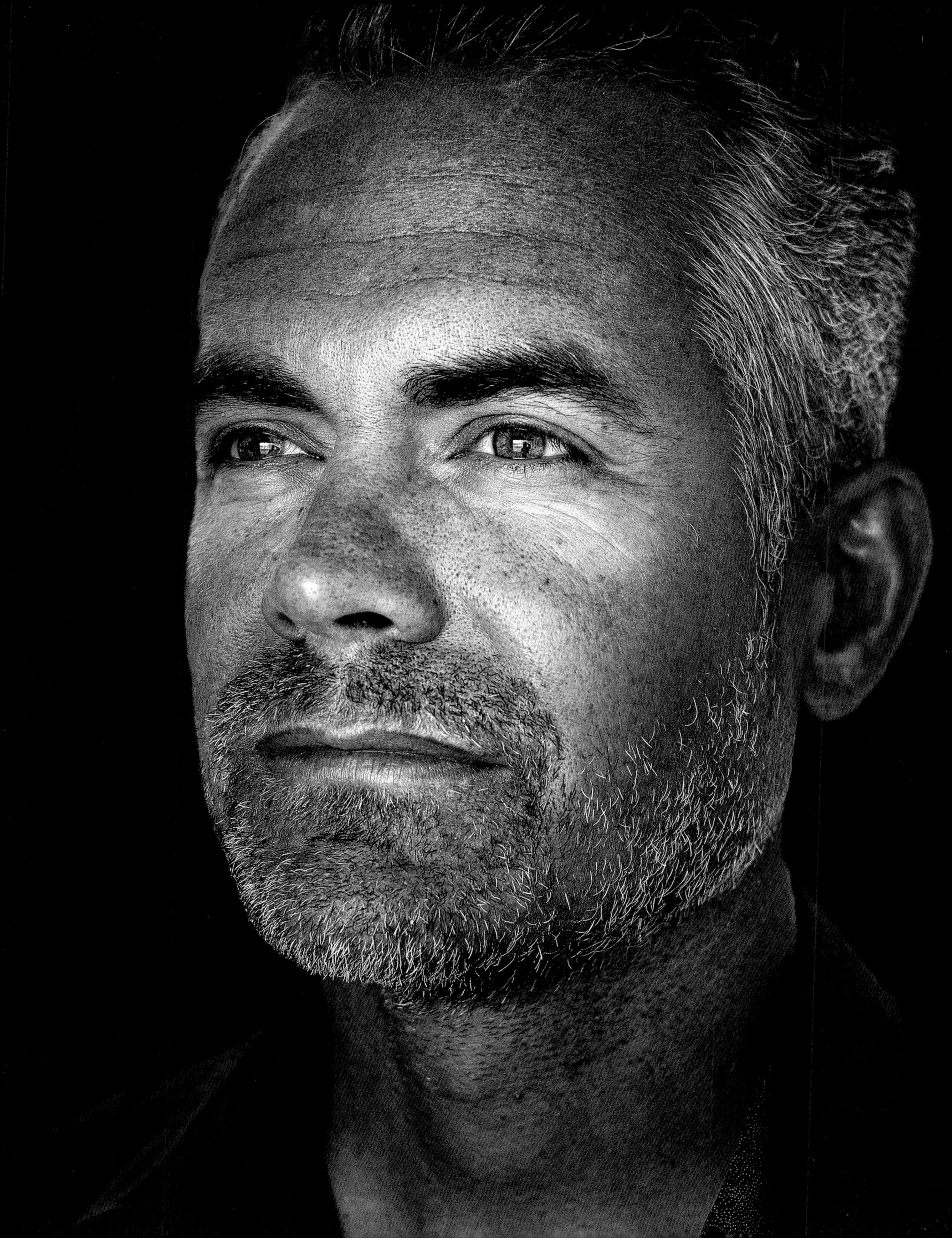

ASSAUT AVEC LE DARK SWAT

Erbil, chef-lieu du Kurdistan irakien. Assis à l'arrière du fourgon du Dark SWAT*, nous traversons la ville endormie à toute allure. À mes côtés, deux camarades gardent le silence, concentrés. En face, Gailan, le chef de groupe de l'unité d'intervention locale, scrute fixement mon regard. Nous nous connaissons bien tous les deux, j'ai supervisé l'entraînement de ses hommes pendant quelque temps, aidé par Riz, notre interprète. Cette nuit nous avons une mission: capturer un ancien combattant de Daech pour qu'il réponde de ses actes devant la justice. Il a profité de la chute du régime pour refaire sa vie, pensant ne jamais avoir à répondre de ses crimes mais deux mandats d'arrêts ont été rédigés à son encontre. Les renseignements ont été formels, notre homme est bien à Erbil et il y mène une vie paisible, bien loin de la violence de la guerre et des horreurs perpétrées lorsqu'il était dans les rangs de l'État islamique.

« Il n'y a pas eu un cri, pas un pleur. Deux minutes trente d'assaut sans aucun heurt. »

Depuis quelques jours, une cellule de surveillance de la police locale cachée à une centaine de mètres de son habitation surveille les allées et venues. À 23 heures, l'homme est de retour chez lui, accompagné de sa femme et de ses trois enfants, dont un en bas âge. Deux heures après, le vert action est donné par le commandement. En pleine nuit, notre convoi d'une dizaine de véhicules banalisés file à vive allure puis se sépare. Chaque fourgon suit l'itinéraire planifié et le nôtre s'arrête en toute discrétion, à cent cinquante mètres de l'objectif, dans une rue adjacente.

Des trois autres véhicules sortent une quinzaine d'hommes. Chacun se met à sa place sachant exactement ce qu'il a à faire. Par souci de sécurité, les Français portent eux aussi les uniformes et couleurs du Dark SWAT. Nous avons pris en compte tous les cas de figure et toutes les éventualités possibles. Sur la base, la rue et l'entrée de l'objectif avaient été reproduits grandeur nature pour que chaque geste soit parfaitement ancré dans nos mémoires. Tout a été fait pour que Français et Kurdes travaillent de concert et nous avons répété la manœuvre de nombreuses fois. Dernier contrôle de nos hommes, puis on nous confirme à la radio que la zone est verrouillée. Le vert assaut est donné et la colonne d'hommes vêtus de noir se met en marche silencieusement, c'est notre marque de fabrique.

L'angle de la rue passé, nous arrivons sur la maison de la cible. Trois niveaux, murs mitoyens des deux côtés, un portail de deux mètres barre l'accès à la porte d'entrée. Le portail est ouvert rapidement, la colonne se faufile jusqu'à la porte d'entrée. Sous l'appui des forces kurdes, la serrure est forcée au bélier. Au deuxième coup de clenche, le verrou saute. Nous nous écartons pour laisser entrer le reste de la colonne, que nous reprenons ensuite en queue. Dans la cage d'escalier, un homme est appréhendé et mis au sol. Reconnu, c'est notre cible. La famille réveillée est mise à l'écart dans une pièce à côté. Hormis les coups de bélier, la discrétion n'a pas été rompue. Il n'y a pas eu un cri, pas un pleur. Deux minutes trente d'assaut sans aucun heurt et la cible est exfiltrée. Le groupe a été exemplaire, la mission, un cas d'école.

QUATRE HEURES D'INVESTIGATION DANS UN CLIMAT OPPRESSANT

13 novembre 2015, attentats à Paris, notre pays meurtri dans sa chair, des morts et des blessés à n'en plus compter.

Sentiment de colère et d'impuissance devant nos télévisions. Notre groupe de contre-terrorisme et libération d'otages est parti au Sahel dans le cadre de l'opération Barkhane* au Mali aussi pour éviter que de telles menaces puissent atteindre nos concitoyens.

Ici, sous la tente qui nous protège du soleil, nous n'avons qu'à attendre le coup de sifflet pour partir sur une opération d'opportunité. Mais la fin des quatre mois de mandat est proche et les premiers éléments du groupe quitteront le sol malien le 26 novembre.

20 novembre 2015, 7 h 30. Le réveil sonne. Nous partageons le petit déjeuner avant l'entraînement. Début de matinée classique sur le camp Forces spéciales de Ouagadougou. C'est le jour de mon anniversaire.

8 h 30 – 9 h. La télévision allumée transmet des images en direct du centre de Bamako où une tuerie de masse a eu lieu au Radisson Blu vers 7 heures. Une prise d'otage est en cours, environ 170 personnes sont retenues. Un truc dans nos cordes.

10 h – 10 h 45. Le groupe est mis en alerte. L'excitation se ressent parmi les gars qui se préparent. Une excitation qui ne veut pas se dire car tout le monde sait que la situation peut évoluer et l'herbe nous être coupée sous le pied. Comme au début du mois d'août, peu de temps après notre arrivée sur le théâtre. Un attentat eut lieu à l'hôtel Byblos de Sévaré, au Mali. Le groupe s'était préparé très rapidement pour partir. Dans le bus où nous attendions que le vert mission soit donné pour embarquer dans l'avion, une vraie bataille diplomatique se jouait. Entre le centre Opérations de la Task Force, Paris et le gouvernement malien, la ligne avait chauffé pour que la France puisse intervenir et soutenir les forces maliennes. Un rouge s'en est suivi et nous sommes retournés vaquer à nos entraînements quotidiens dans l'attente d'une nouvelle opération d'opportunité. L'excitation avait cédé au dépit. Dans ces situations diplomatiques complexes, la voie des armes est souvent évitée et nous, forces spéciales, évincées. C'est dur à entendre pour les jeunes loups du groupe, mais les plus expérimentés sont accoutumés à la déception.

« Une prise d'otage est en cours, environ 170 personnes sont retenues. Un truc dans nos cordes. »

10 h 45 – 11 h. Cette fois c'est la bonne ! Le gouvernement malien a demandé à la France d'intervenir. Parce que le bilan de Sévaré n'a pas été bon ? Parce que beaucoup d'otages sont occidentaux ? Nous n'en savons rien mais nous sommes de la partie, c'est ce qui compte. La joie fait place à la concentration. Dans le bus qui nous mène au tarmac de l'aéroport de Ouagadougou, les visages se ferment.

11 h 30 – 13 h. L'avion gris métal aux couleurs de l'armée française décolle. Nous suivons l'évolution de la situation au Radisson Blu Hotel, en constante liaison avec les autorités. Sans perdre une minute à l'atterrissage, on nous fait monter dans des minibus mis à disposition pour l'occasion et escortés par des motards de la police locale. Équipés lourdement, nous crevons de chaud dans ces fourgons qui nous déposent devant le cordon de sécurité qui entoure l'hôtel.

13 h – 17 h. La menace est toujours présente dans l'hôtel. Une grande partie des clients et employés a réussi à

sortir, cependant la situation reste confuse. Impossible de savoir combien sont encore retenus à l'intérieur et les comptes-rendus sont tous contradictoires. Peu importe, il faut y aller, on compte sur nous. Travailler dans l'urgence, nous y sommes préparés. Habitués à bosser dans de grands volumes, notamment dans les ferries lors d'opérations de contre-terrorisme maritime, nous sommes dans notre élément.

Faute de connaître le nombre de terroristes à l'intérieur de l'hôtel, la menace reste omniprésente. En définitive, quatre longues heures d'investigation et de nombreux otages libérés dans un climat oppressant.

Sur la première chambre de l'hôtel à investiguer, nous nous annonçons. Pas de réponse, coup de pied dans la porte pour l'ouvrir. Cado rentre et part à gauche, je pars à droite et me retrouve nez à nez avec un otage néerlandais qui se précipite sur moi. Mieux vaut ne pas avoir la gâchette trop facile. Dans ce métier, l'analyse avant l'action est primordiale. Nous devons assister le pauvre homme traumatisé et complètement déboussolé pour réussir à l'évacuer.

« On utilise tout ce que l'on a sous la main, en priorité de l'explosif et du calibre 12, pour faire sauter les serrures. »

Quelques chambres plus loin, dans le couloir, Marty, le porte-bouclier qui nous protège sur l'avant, voit une porte qui s'ouvre légèrement puis se referme. Il nous prévient par un signe. À la porte de la chambre, on s'annonce en français puis en anglais. Comme la première fois, pas de réponse. Je jette une grenade assourdissante puis Ivan et moi entrons à deux. Le brouillard épais de poussière ralentit notre avancée. Personne.

Pour aérer la pièce, j'entrouvre la baie vitrée et nous y passons la tête pour respirer. Une photo est prise à ce moment par un des locaux qui regardent la scène d'en bas. Elle est assez drôle compte tenu de la teneur de la situation – deux visages casqués, bouches grandes ouvertes – et se retrouvera sur Internet quelques heures plus tard. Des locaux me font de grands signes que je ne comprends pas et m'indiquent quelque chose sur ma droite. Je fais une ouverture d'angle, arme épaulée, dans cette direction mais je ne vois rien du balcon. Cela doit être dans la chambre avoisinante. La poussière est toujours suspendue dans l'air. En attendant qu'elle retombe, je transmets l'information sur la chambre d'à côté à un trinôme qui se détache pour aller investiguer. Ils y trouvent une femme franco-tunisienne qui, en entendant l'explosion de notre grenade et sentant une menace se rapprocher, était prête, par instinct de survie ou par folie, à sauter du balcon, je l'apprendrai un peu plus tard.

On y voit clair maintenant. Sous les dalles du faux plafond qui sont tombées, soufflées par l'explosion, sera retrouvé par un mec du groupe un otage chinois, tétanisé par la peur, qui n'avait pas bougé, pas émis un seul cri bien qu'on ait été plusieurs à lui marcher dessus.

Nous évoluons dans les étages, l'investigation se fait plus ou moins rapidement en fonction des différentes barricades que les occupants de l'hôtel ont réussi à mettre en place pour se protéger. Il fait chaud, les heures passent et se concentrer devient difficile. Les minibars des chambres sont salvateurs: une gorgée de Coca, un morceau de Toblerone et c'est reparti. Les copains profitent de petits moments de calme pour m'offrir un stylo trouvé là, un bouquet de fleurs trouvé ici. Des petites vannes, un peu d'humour en ce jour particulier.

Arrivés dans les deux derniers étages, la situation se complique. Il était facile de passer au travers des portes jusqu'à maintenant, mais les portes sont ici plus épaisses. On utilise tout ce que l'on a sous la main, en priorité de l'explosif et du calibre 12, pour faire sauter les serrures. Tous les moyens rapides sont vite épuisés, le bélier est utilisé, même s'il est nécessaire de s'y reprendre à plusieurs fois. Sur les dernières chambres, nous passons par les baies vitrées que nous brisons après un numéro d'équilibriste pour enjamber le balcon. La situation est claire sur nos étages, pas de terroriste et tous les otages rencontrés ont été mis en sécurité.

Nous redescendons, tout le monde a été évacué et pris en charge. Le sac commence, le cordon de sécurité n'est plus tenu et les locaux se jettent dans l'hôtel et le dépouillent de tout ce qu'ils peuvent emporter, des téléviseurs, réfrigérateurs et effets des clients.

17 h 30 – 19 h 30. La situation est stabilisée, notre travail est terminé. Nous embarquons dans les minibus et filons vers l'ambassade française où l'occasion est donnée pour sortir le champagne et servir des petits fours. Puis nous reprenons l'avion pour rentrer à Ouagadougou.

23 h 30. Arrivée sur la base. Je paye ma tournée, nous trinquons, fatigués mais heureux d'avoir bien fait notre travail. Quel drôle d'anniversaire que mes 37 ans à Bamako!

Aux victimes du terrorisme.
Aux soldats français qui risquent leurs vies.
À nos morts.
Aux hommes du CTLO Jaubert.

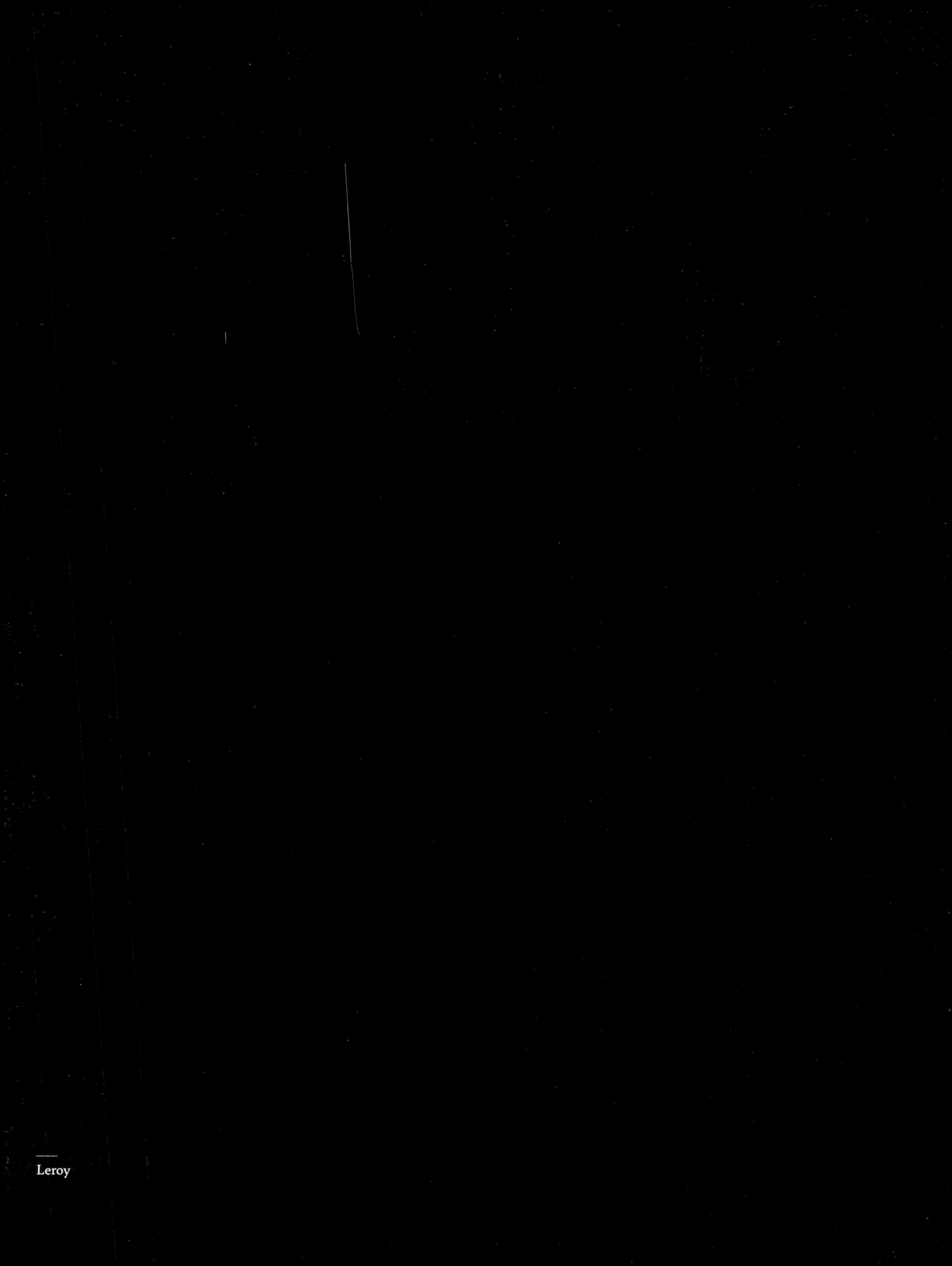

Leroy

HK416

UNE SEULE SOLUTION, TAPER LES MOTEURS !

Devant la croissance ahurissante de la consommation de stupéfiants et de produits illicites dans le monde, les gouvernements sont amenés à réfléchir aux actions à entreprendre pour enrayer le trafic. De nombreuses observations ont amené au constat que la zone caribéenne est le point de passage principal de la cocaïne sur la route qui la mène de la conception à la consommation. Une mission internationale d'envergure est donc déployée dans les Antilles pour lutter contre le narcotrafic : la mission Narcops.

De tous les modes de transport, les contrebandiers en privilégient un, la voie maritime. Pas de route tracée, des véhicules insoupçonnables et difficilement repérables. Tout ce dont les trafiquants ont besoin pour opérer. Tous types d'embarcations servent, de la tapouille* de pêcheur au yacht immatriculé en Floride. Et ils passent tous dans les eaux des territoires d'outre-mer français. De ce fait la France tient un rôle incontournable dans la chasse aux narcotrafiquants.

« Impressionnés par le dispositif, sans résistance, les trafiquants s'agenouillent à l'avant du bateau, mains en évidence sur la tête avant d'être menottés. »

Dans la nuit, la frégate *Ventôse*, sur laquelle nous nous trouvons, reçoit du renseignement. Un bateau-mère qui transporte une grosse cargaison de drogue doit retrouver un bateau-fille pour un échange monnayé. Mon groupe d'hommes du commando Jaubert est immédiatement réveillé. Le *Ventôse* a déployé les gros moyens ; à bord, tout le monde est à son poste de combat.

Le radar du bâtiment confirme que les deux embarcations font bien route au point renseigné. Avec les gars, nous nous équipons en lourd et montons dans les ETRACO. Ce sont de gros hors-bords noirs d'une dizaine de mètres de long, à la capacité de douze personnes, avec deux moteurs de 250 chevaux chacun, pouvant atteindre une vitesse de plus de 50 nœuds soit 100 kilomètres par heure. Les pilotes du commando Ponchardier qui les conduisent sont des as, ils en ont avalé, des miles, sur ces magnifiques bêtes.

Sur le *Ventôse*, par discrétion, toutes les lumières sont maintenant éteintes en passerelle pour éviter d'entacher la mission commando. Un hélicoptère Panther s'est envolé avec deux de nos tireurs d'élite à son bord. À la radio, il nous confirme que l'échange aura lieu : le semi-rigide qu'ils ont en ligne de mire est bien empli de ballots.

Le vert mission est donné, l'ETRACO a la cible en vue et doit intervenir. La course-poursuite commence entre les deux embarcations. Notre hors-bord fend les vagues à toute allure, la puissance déployée est monstrueuse. Assis sur nos sièges à califourchon, les uns derrière les autres sur deux rangées, on se fait plaquer contre notre dossier. Les trafiquants ne sont pas en reste, craignant pour leur liberté à mesure que la distance qui nous sépare d'eux s'amenuise, ils sont prêts à tout pour nous échapper. Entre les rugissements des moteurs et le bruit des vagues, la radio parvient à se faire entendre : « Temps estimé : trois minutes avant le contact. »

Encore un coup d'accélération, l'air qui file à une vitesse folle dans la nuit masque presque le bruit des moteurs. Nous sommes prêts à l'assaut. L'adrénaline monte, nous nous rapprochons de la tapouille-fille.

Un des tireurs d'élite à la porte du Panther effectue un premier tir de sommation* devant le bateau ennemi. L'équipage de trafiquants ne donne cependant aucun signe de ralentissement et le semi-rigide garde son cap à plein régime. Les tireurs doivent maintenant stopper l'embarcation, pour cela une seule solution : taper les moteurs. Le tir est propre, les moteurs s'arrêtent net.

« Vert assaut ! » Temps d'approche estimé à trente secondes. Mon casque grésille : « Les trafiquants ont jeté la cargaison à la mer ! » Il faut à tout prix la repêcher avant que les preuves ne coulent. Mais les contrebandiers n'ont plus de moteur et il est très facile de récupérer ce qu'ils viennent de lancer par-dessus bord.

Trois gars à bord du bateau ennemi ! « *Mano en la cabeza, mano en la cabeza !* », est l'ordre que nous leurs crions, dans le peu d'espagnol que nous savons. On monte dans la tapouille, en colonne, comme à l'entraînement. Impressionnés par le dispositif, sans résistance, les trafiquants s'agenouillent à l'avant du bateau, mains en évidence sur la tête avant d'être menottés. Le semi-rigide est fouillé rapidement, en vain, mais nous avons déjà tout récupéré dans l'eau.

Les trois trafiquants sont emmenés à bord du *Ventôse* où la police viendra ensuite les chercher. La marchandise est récupérée. Cinq cent mille euros : une sacrée perte pour le réseau et une belle photo de groupe devant la saisie.

À TRENTE CONTRE SOIXANTE

En ce 17 décembre 2010, un hiver glacial s'est abattu sur l'Afghanistan. Les températures descendent parfois jusqu'à -20 °C. Depuis trois mois, le groupe du commando Trépel a déjà mené vingt-trois opérations, découvert des armes et capturé une dizaine de facilitateurs.

À 18 heures, trente-six membres détachés pour la mission HK35 quittent la base de Nijrab. Parmi eux, vingt-huit sont des forces spéciales provenant du commando de Penfentenyo, Hubert, Kieffer et Trépel ainsi que du 13e RDP*. Un facilitateur qui cache des armes et fournit des moyens de communication aux insurgés a été localisé dans la vallée de Bedraou, vallée dans laquelle fourmillent les talibans.

Le détachement progresse à pied dans la nuit jusqu'au village. Repéré par des guetteurs, il se fait prendre à parti et un échange nourri de tirs de fusils et de roquettes s'ensuit. Le groupe contourne l'ennemi pour le surprendre mais les forces adverses sont trop nombreuses pour que les Français puissent prendre le dessus. Une heure après les premiers coups de feu, le calme revient dans la vallée et les forces spéciales atteignent le baraquement de la cible. La maison est fouillée et le facilitateur est capturé sans résistance.

Avant d'avoir pu évacuer, le groupe est encerclé par les Afghans, impossible de sortir. Le commandement demande l'intervention des hélicoptères Tigre pour nettoyer la zone, les ennemis sont neutralisés depuis le ciel. Aussi quand le drone de surveillance passe au-dessus de leur tête, personne ne s'attend à ce qu'on signale un mouvement ennemi inhabituel six cents mètres au nord. Deux insurgés au comportement étrange se dirigent seuls vers une maison isolée.

La mission évolue, les soldats priorisent l'intervention sur la maison suspecte et abandonnent l'exfiltration immédiate. Dans une pression ambiante palpable, les commandos traversent le village. L'ennemi peut surgir de partout, la prudence est de mise.

Vers minuit, l'objectif est en vue. Le groupe du commando Trépel s'occupe de la maison, le reste du détachement se poste autour en couverture.

L'architecture du bâtiment est très complexe, donc dangereuse. Les commandos fouillent le rez-de-chaussée lorsqu'ils tombent sur des villageois, des femmes et des enfants ainsi que deux hommes en âge de se battre, couverts de taches de boue. Ils menottent les deux Afghans puis les isolent pour les interroger à l'aide de l'interprète. Les paroles qu'ils profèrent poussent à la vigilance: « Commando, commando ! »

« À l'extérieur de la maison, les combats ont repris et des tirs nourris sont échangés entre les Français et les talibans. »

Il faut maintenant fouiller l'étage. Sly, le chef de groupe, préfère monter discrètement avec deux autres gars en passant par l'échelle plutôt que d'envoyer la colonne par les escaliers. Là-haut, les hommes débouchent dans une pièce dont la porte ouvre sur une autre pièce vide, où ils s'engagent. Au fond de cette pièce, une porte fermée, piégée par des explosifs. Au-dessous, la colonne est prête à monter les escaliers en colimaçon.

L'ordre est donné d'entamer la montée, Jonathan en tête. En haut, avant de franchir la dernière marche, il arrête net la colonne pour observer, au bout du palier, la lumière qui filtre sous des battants. À droite, un renfoncement se dessine, vient ensuite un couloir dans lequel se situe la porte piégée derrière laquelle sont les éléments de Sly.

Au rez-de-chaussée, les interrogateurs comprennent enfin que les hommes ne parlent pas de «commandos» mais de «commandants». Assurés d'être tombés sur une grosse prise, ils se dépêchent d'alerter le reste du groupe mais c'est déjà trop tard.

« Ce soir-là, le détachement a surpris une *choura*, une importante réunion entre deux commandants talibans, connus des services de renseignement. »

Jonathan et ses trois autres camarades avancent sur le palier, balancent une grenade et là, du renfoncement sur la droite, une première rafale part, suivie d'une seconde qui vient de la pièce allumée du fond. Les talibans vident leurs chargeurs. Boubou, le deuxième de la colonne prend quatre balles dans le gilet et deux dans le bras, tombe et se relève. Devant lui, Jonathan est à terre. Une fraction de seconde plus tard, Boubou est éjecté dans les escaliers par l'explosion de ses chargeurs de munitions fixés sur son gilet par-balles. Il dévale les escaliers jusqu'en bas où les gars le tirent. Junior, l'infirmier, prend en charge le blessé et le force à se calmer alors qu'il veut immédiatement repartir.

Les éléments, pris à parti dans l'escalier, sont tous descendus. Tous, sauf un. Jonathan est encore en haut, il faut aller le récupérer. Rudy et Guigui remontent, essuient un tir de kalach à bout portant qu'ils évitent puis descendent de nouveau. Impossible de passer par là. Un appui y est laissé mais l'escalier ne doit définitivement plus être emprunté.

À l'extérieur de la maison, les combats ont repris et des tirs nourris sont échangés entre les Français et les talibans. La maison est encerclée par les hommes venus chercher leurs chefs qui semblent leur donner des ordres de l'intérieur.

Il faut de toute urgence aller récupérer Jonathan, blessé. Sprite et Sly montent sur le toit pour chercher un accès à la pièce. À travers les balles qui pleuvent, ils trouvent une trappe, l'ouvrent et la referment vite car un des insurgés retranché leur tire dessus par l'ouverture.

Dans le ciel, l'hélicoptère ouvre le feu pour appuyer les soldats à terre.

Quand ils arrivent de nouveau au premier étage, la porte piégée est désamorcée. Par un trou fait dans le bois, Ludo peut observer la pièce dans laquelle gît Jonathan. Depuis l'ombre, une salve de kalachnikov part. Difficile d'entrer mais chaque minute compte pour la vie de Jonathan, blessé. Il faut agir, quels que soient les risques. Alors, dans une fulgurance d'esprit, le groupe change de tactique.

Le maître-chien de la fouille opérationnelle de l'armée régulière accepte de le lancer contre l'ennemi. Apache n'est pas entraîné pour le combat, seulement pour la recherche d'explosifs. Le chien est reconditionné par son maître en quelques minutes. Une dernière caresse, sûrement la dernière, puis Apache passe en tête de la colonne de commandos. Excité par une nouvelle rafale à travers la porte maintenant ouverte, le chien est lâché. Il saute sur le premier insurgé suivi par les commandos. Le premier insurgé est neutralisé. Deuxième bruit de balle, le second chef aussi. John est descendu en vitesse. Junior coordonne le massage. Au regard qu'ils échangent, le chef de groupe comprend que c'en est fini. Cela reste entre eux, il faut préserver le reste du groupe jusqu'à la fin de la mission et s'exfiltrer.

Le calme est revenu, les coups de feu ont fait place au silence. Leurs chefs éliminés, les talibans ont abandonné le combat. Les militaires français traversent de nouveau le village pour arriver sur la zone de posé hélicoptère trouvée par le commando de Penfentenyo. Boubou et Jonathan sont évacués par les airs avec les forces conventionnelles. Après sept heures de combats intenses, les commandos, eux, rentrent à pied, en courant.

Les analyses médicales ont montré que Jonathan Lefort est mort sur le coup, à 0 h 20.

Ce soir-là, le détachement a surpris une *choura*, une importante réunion entre deux commandants talibans, connus des services de renseignement, dont le «roi de pique», surnommé ainsi par les Américains. Les soldats français ont fait face à la soixantaine d'insurgés qui leur servait de garde rapprochée.

Malheureusement, la brillante réussite de cette mission n'enlève pas la douleur causée par la perte d'un frère d'armes.

A. n'a pas souhaité être pris en photo, c'est un autre opérateur qui a posé pour illustrer ce récit.

À LA POURSUITE DE LA RANÇON

Le 4 avril 2008, le *Ponant*, voilier de croisière de luxe battant pavillon français, est intercepté par des pirates, au large de la Somalie dans le golfe d'Aden, alors qu'il revient des Seychelles. À son bord, le capitaine, pourtant averti, et une trentaine d'otages, dont vingt-deux Français, sont retenus par des Somaliens armés d'AK-47 et de lance-roquettes RPG-7. Le *Ponant* entame alors un demi-tour et se dirige vers le sud, le long de la côte somalienne.

« Un raid héliporté est lancé contre un 4×4 de pirates en transit entre deux villages. »

Un signal de détresse ayant été lancé avant l'abordage des pirates, le Premier ministre français déclenche l'alerte « Pirate-Mer ». Immédiatement, à Toulon, les hommes du commando Hubert spécialisé dans le contre-terrorisme maritime, qui allaient partir en week-end, sont mis sur l'alerte. Dans la foulée, ils rencontrent le second du navire, présent sur le territoire, afin de comprendre dans les détails l'organisation et la disposition du *Ponant*. Le marin, qui connaît son bâtiment les yeux fermés, fait état, plans fournis par l'armateur à l'appui, des moindres rouages du voilier. Points de franchissements possibles, sens d'ouverture des portes, épaisseur, taille des gonds, nombre de marches, état sous coque, machinerie… Les commandos Marine sont entraînés à intervenir sur des ferries. Le *Ponant* est beaucoup plus petit, il faut quelque peu modifier le matériel d'emport et s'adapter.

De leur côté, le CPCO – Centre de planification et de conduite des opérations – et l'amiral commandant de la zone maritime de l'océan Indien s'activent à la préparation de la mission.

Le 6 avril, la décision est prise par le président de la République d'envoyer en renfort les nageurs de combat du commando Hubert, accompagnés de quelques négociateurs du GIGN. Les hommes sont parachutés avec leurs commandants au large de la Somalie et récupérés par le navire *Var*.

Les négociations sont entamées avec les pirates, la situation se tend et les commandos se tiennent prêts à l'assaut.

Le 11 avril, la libération des otages a lieu en échange d'une rançon. Deux négociateurs du GIGN et un homme d'Hubert procèdent, en pleine mer, à la remise de l'argent lors de l'opération nommée *Thalathine 30*, comme le nombre d'otages. Les pirates comptent alors les 2,15 millions de dollars sur le *Ponant* avant de quitter les lieux et de rejoindre la Somalie.

Avec l'accord du gouvernement Somalien, un avion de renseignement Atlantique II est dépêché pour détecter et suivre les pirates et la rançon. Le groupe de Somaliens s'est déjà partagé le butin, il s'agirait d'en récupérer au moins une partie. L'amiral Gillier, amiral des fusiliers marins et commandos, lance un raid héliporté à la poursuite d'un 4×4 de pirates en transit entre deux villages. Quatre hélicoptères se lancent à la poursuite du véhicule. Dans les airs, un tireur d'élite du commando Hubert à bord d'un Panther met fin à la course du pick-up en neutralisant son moteur. Les autres hélicoptères posent et les nageurs de combat appréhendent les Somaliens qui tentent de s'échapper puis récupèrent une partie de la rançon.

Transférés en France, les six pirates seront jugés par la suite.

Le tir doit être maîtrisé sur terre,
depuis les airs ou depuis l’eau.

2
TIREURS D'ÉLITE ET RENSEIGNEMENTS TACTIQUES

Ce qui est maîtrisé de jour doit l'être de nuit car beaucoup d'opérations se déroulent dans le noir.

UN TIR À 2000 M

Après une infiltration épuisante sous un soleil de plomb, nous arrivons sur le point de tir. La cible est à deux kilomètres. Tireur d'élite, opérateur ESNO – équipe spécialisée de neutralisation et d'observation – du commando de Penfentenyo, j'ai avec moi un Accuracy AW, un fusil de précision qui permet de tirer à plus de 1600 mètres. En fonction de la mission, nous choisissons le fusil adapté, selon la distance qui nous sépare de l'objectif.

« Le tir part, la crosse appuyée sur mon épaule, j'encaisse le recul du fusil. Immédiatement je recharge mon fusil et remets l'œil dans la lunette. »

La formation à la qualification de tireur d'élite dure plusieurs mois au cours de laquelle nous apprenons à endosser deux fonctions : celle du tireur et celle du *spotter* – celui qui désigne les objectifs et donne les corrections au tireur. Chez nous, et cela dépend des unités au sein de l'armée, le plus expérimenté du binôme est *spotter*. Les mois de formation sont intenses, on y apprend à maîtriser le tir de précision avec différents calibres, la balistique*, la photographie et la topographie*. Toutes ces connaissances sont fondamentales pour exercer le métier de tireur d'élite.

Nous nous mettons en place, allongés sur le ventre. Le tir à effectuer est un tir synchronisé – deux fusils sur le même objectif avec un tir au même moment, pour n'entendre qu'un coup partir. C'est la première fois qu'on me demande de toucher à 2000 mètres.

En tant que tireur d'élite, nous conditionnons le début d'un assaut en tirant les premières balles pour neutraliser les « guetteurs » puis faisons en sorte de ne laisser aucun assaillant s'échapper. Nos frères d'armes sont en contrebas, prêts à l'assaut, au plus proche des forces ennemies. C'est une lourde responsabilité et la capacité de concentration requise est extraordinaire.

Alors nous nous mettons dans notre bulle. Cette fois-ci pas de *spotter*, nous tirons tous les deux ensemble. Le premier impact doit être le bon. Je ne pense plus qu'à la cible et concentre mon attention sur ma respiration, sur les mouvements de mon corps plaqué au sol. Tous les autres gestes sont devenus des automatismes. Seules comptent dorénavant les petites oscillations qu'engendrent mes poumons et mon ventre et que j'essaie de prendre en compte ou d'éliminer. Le doigt sur la queue de détente, je presse. Pour ne pas dévier par anticipation et réussir mon tir, seul le coup de feu doit me surprendre.

Le tir part, la crosse appuyée sur mon épaule, j'encaisse le recul du fusil. Immédiatement je recharge mon fusil et remets l'œil dans la lunette. Cet enchaînement machinal est assez court pour avoir le temps d'observer l'impact sur la cible. Impressionnant.

NEUTRALISATION SYNCHRONISÉE D'UNE CELLULE ENNEMIE

« Une seule détonation pour trois projectiles. Aucune flamme, aucune fumée, les réducteurs de son font leur effet. »

Trois nuits maintenant que nous sommes sur ces rochers à scruter le moindre mouvement à la sortie de ces grottes. Là, à 800 mètres, dans l'oued* en contrebas, une petite cellule de Daech nous a été désignée par les renseignements. Selon eux, tapis la journée dans leurs abris de fortune, les membres de la cellule ne sortiraient que quelques instants par jour pour se ravitailler ou prendre l'air. Notre binôme se relaie pour couvrir les équipes de tireurs de haute précision, l'ennemi ne doit pas nous contourner. Toutes les trente minutes nous tournons à la surveillance.

Au petit matin de cette troisième nuit, en dépit des jumelles de vision thermique utilisées par nos équipes, rien n'est encore apparu à la sortie des grottes. Je m'apprête à aller réveiller mon camarade pour qu'il prenne son tour de garde. La lueur du jour pointe. Comme d'habitude, nous n'avons que quelques minutes pour effacer les traces de notre passage et commencer à nous diriger discrètement vers le poste de commandement, quelques kilomètres plus loin. Soudain à la radio : « De 35, deux pax* armés en visuel dans l'oued. »

C'est le chef de groupe. Mon cœur s'emballe, le sang me frappe aux tempes. Une phrase, et machinalement la mémoire d'années d'entraînement dicte ses gestes à mon corps. Pas de réponse de l'officier supérieur au poste de commandement. « De 35, deux pax en visuel à 800 m, PID* confirmé, demande le vert pour tir synchronisé. »

La fatigue n'existe plus, l'adrénaline irrigue mes veines.

« De 35, correction, un troisième homme armé en visuel.

– Vert tir*, confirme une voix dénuée d'hésitation.

– Tireurs prêts ? Trois... deux... un... feu ! », décompte le chef de groupe pour l'ensemble des tireurs.

Une seule détonation pour trois projectiles. Aucune flamme, aucune fumée, les réducteurs de son font leur effet. À huit cents mètres, trois corps tombent avant même que ne leur soit parvenu aux oreilles le tonnerre du joug mortel.

FOREVER
ANDY IRONS

TOUS LES SENS EN ÉVEIL

Juin 2010, la frégate *Guépratte* est déployée en plein océan Indien dans le cadre de la mission Atalanta de lutte contre la piraterie maritime. De nombreux raids en partance des côtes somaliennes ont été recensés depuis le début de l'année et c'est pour cela que la France a lancé cette mission militaire et diplomatique au sein de la force navale européenne Eunavfor.

Sur le bâtiment commandé par le commandant de Briançon, commando Marine et nageur de combat, futur amiral de la force des fusiliers marins et commandos, un groupe du commando de Penfentenyo et un groupe du commando Hubert sont accueillis. Notre mission est de renseigner sur un camp actif de Somaliens.

Dans l'effervescence générale, il n'est jamais simple pour les marins du bord de recevoir un détachement de commandos Marine. Pourtant les gars arrivent toujours à s'adapter et trouver des solutions pour nous intégrer. De notre côté, la concentration est sur la mission que nous préparons avec rigueur et méthode, que ce soit l'armement, les munitions, les transmissions, le gonflage, le plein et la motorisation des vecteurs de mise en place – nos embarcations légères Futura*. Les gradés, eux, préparent soigneusement et méticuleusement le raid nautique, savoir-faire précieux des commandos Marine. Rien n'est laissé au hasard, et conjointement avec le commandant de bord, il faut réfléchir aux nombreux cas non conformes qui pourraient survenir lors de chaque phase de la mission. Celle-ci est programmée pour le surlendemain, les conditions météorologiques étant le plus favorable à l'action.

« Une embarcation pilotée par un local se dirige sur nous à toute allure et transperce notre dispositif en diagonale ! »

Jour J, quelque part dans l'océan Indien. Le bosco* dicte la manœuvre délicate de mise à l'eau des Futura au son de son sifflet. Les dix commandos de Penfentenyo prennent leur place sur les deux pneumatiques, quelques mètres en dessous du bastingage*. Les fesses sur le boudin, je lève la tête. Qu'est-ce que je me sens ridiculement petit sous cette énorme masse de 125 mètres de long ! Sur ordre, nous nous écartons de la coque et la navigation commence dès lors que les essais radio sont faits. Les moteurs tremblent et les coques glissent sur la houle. L'eau est chaude et la mer peu creusée, on a vu pire à Lorient ! Les motoristes s'appliquent sur la lecture des vagues pour minimiser les secousses et font tout pour maintenir le cap donné par le chef de raid. Nous avons tous une tâche assignée, pour certains, la veille optique ou radio, pour d'autres, le contrôle du carburant ou celui de l'arrimage* correct de notre précieux matériel enfermé dans des sacs étanches. Il faut aussi un gars qui veille à garder la liaison avec l'autre embarcation. Pour ma part, jeune chef d'équipe ayant l'honneur d'être désigné en renfort du groupe spécialisé de renseignement opérationnel, vitrine du commando de Penfentenyo dans le renseignement, je ne suis pas étonné de prendre la position inconfortable à la pointe avant, coincé avec les sacs. Je suis trempé par les embruns, tous mes sens sont en éveil.

À la radio, on indique que nous sommes presque sur le point défini pour commencer la phase de renseignement. Mes yeux se sont habitués à l'obscurité et je devine le profil de la côte aux faibles lueurs qui scintillent. L'embarcation *leader* s'immobilise et le chef de groupe m'informe que je peux préparer le matériel. Je dégrafe les sangles de mon sac étanche et y plonge mes mains pour récupérer le précieux moyen d'observation dernier cri. Vu le prix, j'en prends très soin ! Allongé sur le boudin à l'avant, je cale du mieux possible les jumelles nocturnes pour m'adapter au clapot. Pour pallier l'obscurité, je passe en infrarouge, puis en vision thermique. Enfin j'aperçois des installations et des mouvements intéressants. Le boîtier relié à un enregistreur nous permet de capturer des images puis de les étudier au retour de mission.

Tout à coup ma radio crépite ! Le motoriste de l'autre embarcation nous murmure à tous : « Silence radio ! Skiff* en approche derrière nous ! » J'ai juste le temps de planquer les jumelles sous mon torse et de tourner la tête à gauche. Les gars ont déjà la main sur leur arme quand je découvre avec stupeur le pire des cas non conformes. Une embarcation pilotée par un local se dirige sur nous à toute allure et transperce notre dispositif en diagonale ! À toute vitesse, le skiff passe entre les deux Futura. Aucun de nous n'a esquissé un geste, la discrétion n'a pas été rompue et derrière sa console, les yeux rivés sur son compas éclairé, le gars n'a aucune idée qu'il est passé à quelques mètres de commandos français en mission de renseignement. Invisibles dans la nuit, intégralement équipés de noir, de nos paires de chaussures à la moindre languette, rien n'est apparu au pirate. Les battements de mon cœur se calment, chacun souffle un bon coup.

La mission n'est pas interrompue, nous gardons un œil sur l'embarcation qui vient de passer et finissons la tâche qui nous a été confiée. Puis nous rebroussons chemin en direction du *Guépratte*.

À mon frère d'armes Arnaud Peyrony-Rapatout, présent à mes côtés lors de cette opération et décédé le 21 juillet 2018 dans un accident de circulation en mission à Djibouti.

ROUTE PIÉGÉE ET PONT BIEN TENU

Afin d'empêcher tout renfort ennemi d'accéder à Gao, le commandement a confié à un groupe strictement Forces spéciales de prendre et de tenir le pont du village de Wabaria qui traverse le fleuve Niger. Sont rassemblés un élément des forces spéciales Mer – nous, l'équipe de surveillance et neutralisation d'objectif, communément appelée «tireurs d'élite» –, un élément des forces spéciales Air du commando parachutiste de l'air n° 10 (CPA 10), un élément des forces spéciales Terre du 1er régiment de parachutistes d'infanterie de marine (1er RPIMa).

L'opération a été briefée en plein milieu du désert, dans le calme abrutissant de la chaleur. De nuit nous faisons route vers les hauteurs qui dominent le pont. Bien que nous soyons habitués à conduire dans les lits chaotiques des oueds* asséchés, les sentiers étroits et escarpés parsemés de rochers, l'accès en véhicule est très compliqué. Les véhicules avancent trop lentement. Par crainte de perdre trop de temps sur notre objectif, nous laissons les chauffeurs avancer avec les 4×4 et nous finissons à pied.

Au même moment, les gars du 1er RPIMa tombent sur un élément ennemi en train de piéger la route qui mène au pont. Le combat est engagé, le véhicule ennemi bourré d'explosifs pète. Au loin dans le ciel, la lumière des étoiles est éclipsée par celle de l'énorme boule de feu.

Nous progressons et, quelques minutes plus tard, nous manquons de tomber nez à nez avec des fuyards. Je porte mon équipement individuel, mon fusil Barrett, cent vingt coups de 12,7 mm, une bouteille d'eau, une bonbonne d'huile, soit un total d'une cinquantaine de kilos. À portée de main je n'ai que mon Glock, bien inutile à moyenne portée. Je le pointe quand même vers les silhouettes hostiles. Ce sont mes camarades équipés de leurs armes longues pour la protection du groupe qui me rassurent. Les combattants ne nous voient pas; la discrétion l'emporte sur le reste, le combat n'a pas à être engagé.

Nous prenons maintenant place sur les hauteurs. Finalement, les véhicules réussissent à nous rejoindre. C'est mieux ainsi car ils nous offrent des abris couverts et une bonne puissance de feu en cas de coup dur.

La nuit est courte. Au petit matin nous sommes réveillés en sursaut par des coups de feu. Dans le village, des ennemis qui cherchent à s'échapper tirent sur les habitants et nos collègues du CPA 10. L'élément de garde n'arrive pas à repérer les fuyards. Un villageois a été envoyé sur notre position pour nous expliquer la situation. Nos véhicules démarrent en vitesse, la discrétion est rompue et nous progressons plus vite qu'à l'aller dans le rugissement des moteurs et le bruit des suspensions. Nous traversons les différents compartiments de terrain, nos regards virevoltent autour de nous à la recherche des moindres détails. Au gré des traces suivies sur les pistes et des bruits entendus au loin, nous retrouvons les fuyards. L'injonction leur est faite de poser leurs armes et de sortir les mains en l'air au-dessus de la tête.

« À cinq cents mètres de nous, le pick-up blanc lancé à toute vitesse sur la piste cabossée explose en pleine course. »

Ils choisissent de sortir armés. Notre réponse est fulgurante. Nous reprenons ensuite notre position initiale, en surplomb du pont et du village. Aux alentours de midi, l'ennemi décide de tester notre dispositif et tente de passer en force. Mon camarade épaule son fusil Barrett et tire. À cinq cents mètres de nous, le pick-up blanc lancé à toute vitesse sur la piste cabossée explose en pleine course. Ceux des leurs qui essayent de fuir à pied battent en retraite après avoir entendu les balles siffler.

Le pont est bien tenu.

COMMANDOS MARINE

Avec ses capacités de tir de précision longue distance, l'ESNO (équipe de surveillance et de neutralisation d'objectif) est déployée sur tous les terrains. Postée à des endroits stratégiques, elle veille sur les camarades qui montent à l'assaut au contact d'un objectif.

OBJECTIF ULTIME : NEUTRALISER OU DÉTRUIRE DES CIBLES AU SOL

Le JTAC *(Joint Terminal Attack Controller)* est un élément d'un groupe commando ayant reçu une formation pour conduire des frappes aériennes en appui des troupes au sol. La formation que nous recevons nous permet de coordonner en toute sécurité l'évolution de plusieurs avions dédiés aux « appuis aériens de proximité ». Dès lors qu'un avion vient appuyer des troupes au sol, le JTAC a la responsabilité de le faire voler en sécurité, d'utiliser tous ses moyens d'observation au profit des troupes au sol, avec pour objectif ultime de neutraliser ou détruire des cibles au sol qui sont proches des troupes amies et représentent une menace pour elles.

En tant que JTAC, nous devons choisir le moyen le plus adapté à la situation pour soutenir les troupes au sol en ayant perpétuellement à l'esprit la réduction des dégâts collatéraux, la réduction des effets sur les troupes amies, la certitude de l'efficacité du moyen employé ainsi que la certitude que l'avion et le JTAC ont bien identifié la bonne cible. Tout cela en respectant les règles d'engagement du théâtre d'opération, les conventions internationales et le droit des conflits armés.

Nous nous infiltrons de nuit, à pied, avec sur le dos notre matériel spécifique à la reconnaissance et assez de vivres pour trois jours. L'infiltration terrestre s'étend sur douze kilomètres. L'équipe traverse d'abord une longue plaine parsemée de champs cultivés, avec en arrière-plan des montagnes d'un noir sombre. Après avoir marché quelques kilomètres, le sol s'arrête brusquement devant nous, puis nous descendons dans un labyrinthe de profondes tranchées creusées dans le sol craquelé. Nous progressons en silence, attentifs aux moindres mouvements et bruits.

Après une nuit de surveillance et de collecte de renseignements sur la zone d'action – une jungle nichée au fond d'un cirque bordé de crêtes montagneuses – nous nous réfugions dans un *wadi* pour nous abriter du soleil durant la journée. La nuit tombe, et nous rejoignons notre position en hauteur. Je suis chargé de préparer l'arrivée des camarades qui effectueront la reconnaissance des grottes suspectes. Il faut donc demander un scan de la zone par drone pour nous assurer de la sécurité du lieu. Chaque détail suspect est scruté de près. Puis, la valse des hélicoptères peut commencer. La communication est temporairement interrompue et le français est remplacé par l'anglais à la radio, procédure habituelle dans les communications aériennes.

Les deux hélicoptères arrivent dans le cirque. Au sein de chacun, une équipe de commandos Marine. Depuis le sol, je coordonne leur arrivée et leur désigne la zone de dépose. Le premier hélico débarque ses hommes qui se mettent en appui autour pour protéger l'arrivée de l'autre équipe, et repart. Dans la poussière soulevée par le premier, le second hélicoptère dépose ses gars et s'envole aussitôt. Au-dessus des grottes, les aéronefs* surveillent les mouvements et assurent un appui du ciel. Depuis notre position, nous aussi nous les appuyons. La première équipe s'engage dans la grotte tandis que la seconde protège l'entrée. Au bout de quelques minutes les gars ressortent. Rien à signaler.

« Nous nous infiltrons de nuit, à pied, avec sur le dos notre matériel spécifique à la reconnaissance et assez de vivres pour trois jours. »

Les hélicoptères reprennent leurs hommes, et quittent la zone aussi vite qu'ils sont arrivés. Ma mission est finie.

Nous rassemblons notre matériel et l'exfiltration à pied commence. Au bout d'une piste de terre qui remonte vers les plaines cultivées, deux véhicules lourdement armés nous attendent et sécurisent notre exfiltration. Le soleil commence à se lever, ses premiers rayons frappent nos visages épuisés. Dans le ciel orangé se découpent les deux hélicoptères qui se dirigent vers notre position.

« C'est bon, les gars, c'est fini, on vous embarque », résonne dans mes oreilles. Un passage en rase-mottes, un dernier tour au-dessus de nos têtes fatiguées, nous embarquons dans la poussière et le bruit assourdissant des pales. Nous rentrons à la base.

Le JTAC *(Joint Terminal Attack Controller)* est un élément d'un groupe commando doté d'une capacité à conduire des frappes aériennes en appui des troupes au sol. La formation reçue permet de coordonner en toute sécurité l'évolution de plusieurs avions dédiés aux appuis aériens de proximité.

DES SNIPERS SUR LES TOITS

La nuit tombe, ma montre affiche 18 heures. Sur le toit qui sombre peu à peu dans l'obscurité se trouvent aussi trois autres de mes camarades commandos Marine. La journée a été rude, ce moment de détente mérité est à la hauteur de l'intensité des combats traversés depuis deux jours. L'offensive kurde que nous soutenons contre Daech nous a menés jusqu'ici, à quelques mètres du *no man's land* qui nous sépare désormais de nos ennemis.

« Notre force, c'est l'adaptation, en toute configuration, en toute situation. »

L'air est tiède, le soleil disparaît, mon regard se perd au loin. « Sniper ennemi à neuf cents mètres! » La voix de mon binôme m'arrache de mes pensées alors que je m'apprêtais à relever son tour de garde. Je saute sur mon fusil, pointe mon arme dans la direction indiquée. Parallèlement, nos deux autres camarades informent le quartier général des mouvements ennemis. En l'espace de quelques secondes, nous coordonnons nos tirs avec les unités alliées postées à proximité.

Malgré mes jumelles de vision thermique, j'ai du mal à ajuster ma lunette sur la cible. Allongé, le sniper ennemi est quasi invisible dans cette pénombre ambiante. Premier tir, je le rate de peu. C'est maintenant que le travail acharné des dernières années paye, l'infime laps de temps qui sépare la première de la deuxième cartouche permet au *spotter** de corriger mon tir. Deuxième tir, touché épaule. Il se relève, son fusil à la main, et tente de prendre la fuite. Tandis que les bruits du feu déclenchent la riposte de l'autre côté de nos lignes, l'adrénaline monte. Pourtant, tout dans le regard, les gestes, la voix de mes frères d'armes, démontre le calme de l'équipe. Notre force, c'est l'adaptation, en toute configuration, en toute situation.

Les gestes sont rodés, les procédures connues. J'adopte cette maîtrise affichée et réajuste mon tir. L'ennemi titube de côté sur quelques mètres puis disparaît de mon champ de vision. Les mains crispées aux jumelles de vision thermique, mon binôme m'indique une nouvelle position ennemie. À mon tour, je colle mon front contre le caoutchouc noir de l'instrument et fixe à quelques centaines de mètres la silhouette du combattant, en surbrillance sur le fond gris des lunettes. Il a maintenant ralenti, se croyant sûrement à l'abri derrière une carcasse de voiture. L'air claque. Sur ce toit sombre, à quelques pas de distance, l'autre moitié de l'équipe a décidé de ne pas lui laisser de chance. La tache blanche est à terre, son halo thermique diminue et se confond bientôt avec celui du sol.

UNE VÉGÉTATION ANORMALEMENT DENSE

Le 25 septembre 1983, le commando de Montfort est déployé à Beyrouth. Les missions qui nous sont attribuées sont routinières. On aménage le camp sur le *no man's land* du port. Les patrouilles et escortes à travers la ville et les entraînements au tir se succèdent. Toutefois, dès les premières semaines, la perte de camarades exacerbe notre vigilance. La routine est vite remplacée. Jour après jour on comptabilise les morts, soixante-quinze de nos camarades de l'Armée de terre sont tués dont cinquante-huit dans l'immeuble Drakkar.

Le 17 décembre au matin, je suis convoqué chez le général commandant les Forces françaises au Liban avec deux autres chefs de groupe du commando. Nous allons être projetés le long des lignes adverses dans le but de localiser des batteries de missiles sol-air. Chaque groupe sera composé de six commandos, chacun chargé d'une zone de surveillance bien distincte.

En tant que responsable des activités subaquatiques du commando, j'ai de bonnes relations avec le général qui nous a fait plusieurs fois l'honneur de visites de courtoisie, le temps d'une plongée dans les eaux du port. À la fin de la réunion, le général me prend à part et me confie que c'est dans la zone qui m'a été attribuée que sont certainement localisées les batteries recherchées.

Il compte sur moi pour obtenir des résultats mais nous avons interdiction de franchir la ligne de démarcation. Je comprends: « Allez chercher le renseignement où il se trouve, mais ne vous faites pas prendre! » Ça tombe bien, c'est ce qu'on sait faire chez les commandos Marine.

Les deux journées suivantes sont consacrées à l'étude de la zone. Nous travaillons avec des cartes topographiques au 1/50 000* auxquelles il manque quelques détails. Nous profitons pour parfaire notre manipulation du dernier matériel reçu, jumelles de vision nocturne dernier cri, télémètres lasers longue distance, postes de transmission à évasion de fréquence*.

Je regarde les cinq quartiers-maîtres qui partent avec moi. On se connaît depuis quelques années et j'ai totalement confiance en eux, ça me rassure.

« Soudain, un rugissement fend le ciel. Trois chasseurs remontent la vallée en formation serrée. »

Le 18 décembre, en fin d'après-midi, nous sommes largués par camion à une dizaine de kilomètres de la zone qui nous a été attribuée. La région est montagneuse. Nous avons la nuit pour nous rendre sur le point d'observation que j'ai choisi.

19 décembre, jour 1. Nous arrivons avant l'aube, nous nous installons et commençons l'observation depuis notre promontoire. Il s'agit d'un petit replat rocailleux à flanc de colline, entouré de buissons, qui fait face à la zone de surveillance distante d'environ 1200 mètres.

Chaque binôme a un secteur de surveillance bien défini dont la vallée symbolise la ligne de démarcation. Toutefois, je m'aperçois que cet endroit-ci, choisi sur la carte, n'est pas idéal car nous avons une vue trop parcellaire de la zone.

Aucun mouvement de la journée. À la recherche d'un meilleur poste d'observation, j'en identifie trois aux jumelles, distants de plusieurs centaines de mètres. À la nuit tombée, chaque binôme se rend sur son nouveau point d'observation en toute discrétion. La distance à parcourir est faible mais la progression s'effectue en terrain non sécurisé, il faut donc une bonne partie de la nuit pour effectuer le déplacement. Les communications radio individuelles sont proscrites, sauf en cas de danger imminent. Le retour vers notre point de bivouac* initial est prévu pour la nuit suivante.

20 décembre, jour 2. Avec mon équipier, nous arrivons vers 3 heures du matin à notre nouveau poste d'observation. Nous nous relayons pour dormir un peu avant le lever du jour. Plus proches que la veille de la zone cible, nos mouvements sont réduits au minimum pour une discrétion accrue. En milieu de matinée, j'aperçois trois ou quatre personnes avançant sur le plateau qui nous fait face de l'autre côté de la vallée. Étrangement, on ne voit que la partie supérieure des corps. Ils bougent peu et s'affairent autour de quelque chose que l'on n'identifie pas. Tout se calme vers midi. À 15 heures les mouvements reprennent, quatre ou cinq groupes d'environ trois personnes se déplacent autour de points très ponctuels.

« Quelques secondes plus tard, deux missiles s'échappent de la zone bombardée et explosent en vol sur les leurres. »

Nous sommes encore trop mal placés pour distinguer correctement ce qu'ils font. La nuit va tomber et il nous faudra regagner le bivouac initial. Je profite des dernières lumières pour repérer un emplacement plus approprié.

Au milieu de la nuit nous retrouvons nos camarades après avoir respecté les procédures de contact prévues. Le débriefing est rapide, il s'avère que les autres binômes n'ont pas de renseignement intéressant.

Je prends la décision de nous déplacer tous les six vers le nouveau poste d'observation identifié dans l'après-midi. Nous repartons immédiatement, de façon à arriver avant le lever du jour. Nous dormirons plus tard, c'est un fondamental dans ce métier.

21 décembre, jour 3. La destination est atteinte quelques minutes seulement avant l'aube. Nous nous séparons pour adopter un dispositif d'autoprotection. L'endroit est idéal, nous surplombons légèrement la zone à surveiller.

Durant la matinée et l'après-midi, quelques groupes de trois à quatre personnes sont observés à marcher dans les tranchées. Ils semblent effectuer des travaux d'entretien dans ces tranchées qui relient différents points d'environ 100 m^2 chacun. Sur ces points, la végétation est anormalement dense. J'ai un déclic lorsque deux personnes passent sous la couverture végétale. Il pourrait s'agir de filets de camouflage. Reste à savoir ce qui se cache sous ces filets. Nous n'aurons malheureusement pas cette information.

À 16 heures, je décide d'envoyer tous les renseignements dont nous disposons à l'état-major. Je dois rester factuel malgré un début de conviction quant à la présence de la batterie de missiles. Je ne peux pas suggérer ce que je n'ai pas vu formellement.

Vers 5 heures du matin, nous recevons l'ordre de nous replier vers le point d'extraction. Une heure plus tard, une fois les précautions d'usage respectées, nous sommes en route.

22 décembre, jour 4. Le jour se lève. Je me retourne et jette un dernier regard sur la zone que nous avons observée trois jours durant. Soudain, un rugissement fend le ciel. Trois chasseurs remontent la vallée en formation serrée. Impossible d'en identifier le type mais ils ne sont pas français.

Après un léger cabré en plein virage, ils effectuent un tir canon sur la zone que nous avons désignée la veille par message puis manœuvrent en demi-tour serré. De leurs ventres s'échappent des dizaines de leurres qu'ils viennent de lâcher.

L'espace d'un instant le doute m'assaille. Et si mes interprétations avaient été trop hâtives ?

Mais quelques secondes plus tard, deux missiles s'échappent de la zone bombardée et explosent en vol sur les leurres. Aussitôt, surgit du bout de la vallée une formation de trois autres avions. Le plan était rodé. Nous ne les avons pas entendus venir dans ce vacarme. Leurs roquettes partent, explosent sur les batteries et les chasseurs effectuent le même dégagement que leurs prédécesseurs. Sans riposte... Les trois premiers avions passent de nouveau et lâchent une dernière salve de roquettes. Puis tous disparaissent dans un bruit assourdissant. J'aurais pu croire à un rêve sans la présence de fumée dans ce champ, de l'autre côté de la vallée.

Deux heures, plus tard nous sommes au point d'extraction. Dans l'après-midi, je suis reçu par le général pour un débriefing rapide. Pour l'état-major, la mission est un succès.

Patrice

COMMANDOS MARINE

CE QU'ON NOUS DEMANDE, CE SONT DES PREUVES

Fin du stage de renseignement interarmes*. Nous avons passé des semaines dans un groupe composé de forces spéciales et de membres de la DGSE à apprendre le rudiment du renseignement, le maniement parfait d'un appareil photo, la fabrication d'artifices de camouflage pour y dissimuler des capteurs, la mise en place de barrières infrarouges pour déclencher la prise de photos au passage d'individus, et des tas d'autres techniques. Il faut maintenant tout mettre en application pour la mission qui nous est confiée.

Deux têtes de réseau de trafic de drogue doivent se retrouver dans un parc. On connaît leurs visages, tout ce qu'on nous demande, ce sont des preuves d'un échange entre les deux gars.

« Comme invisible derrière mon vêtement de camouflage, je ne faisais qu'un avec la végétation qui m'entourait. »

On examine le parc sous toutes ses coutures. Il faudrait trouver l'endroit où l'échange va se dérouler. Une hypothèse se dégage des autres : un petit banc au milieu du parc, sans trop de passage, avec plusieurs points de fuite constituerait le point de rendez-vous parfait.

La nuit avant le rendez-vous, j'entre dans le parc et m'y faufile en toute discrétion. Je me cache dans un bosquet à cinquante mètres de l'objectif, il est parfait, me permet d'avoir une vue à 360° sur le parc et permet de réarticuler notre dispositif sur d'autres hypothèses si la nôtre s'avère être fausse. J'ai mon appareil photo et son objectif 400 mm. Ma ghillie (tenue de camouflage) couvre ma tête maquillée de noir et de vert, mes bras, le dos et les jambes. Avant le lever du jour, la radio signale : « Dispositif en place. »

Le jour se lève doucement. Adossé contre l'arbre au milieu du bosquet, j'observe le parc se réveiller. Les joggeurs qui discutent passent à quelques mètres de moi, des chiens qui jouent avec leur maître, des couples qui se promènent. Au milieu de tous, personne ne se doute de ma présence et la sensation qui s'en dégage est grisante. « Terry 1 sur zone, manteau en cuir noir, pantalon noir. Accompagné d'un pax*, inconnu, lunettes de soleil, casquette noire, jean bleu. » Notre prédiction est parfaite, les deux gars passent au mètre près par le chemin prévu et finissent par s'asseoir sur le banc, en face de mes buissons. Mes doigts pianotent sur les boutons de l'appareil photo pour ajuster quelques réglages, puis je mets mon œil dans l'objectif pour observer notre type. Le gars qui l'accompagne a tout l'air d'être son garde du corps. Inconnu. Je préfère le photographier lui pour alimenter la base de renseignement.

« Terry 2 arrive, manteau long et marron, pantalon noir. Accompagné d'un pax, inconnu, chauve, sweet à capuche gris, pantalon noir. » Comme le premier trafiquant, le second emprunte un itinéraire prédictible jusqu'au fameux banc. Derrière mon objectif, je prends les photos qui serviront de preuve. Clic, clic. Les deux hommes se serrent la main. Les deux gardes du corps s'éloignent de leurs boss, l'un allume une clope, l'autre se rapproche doucement de ma position. Je suis du regard le garde du corps qui se distingue du groupe et n'est plus qu'à une vingtaine de mètres de ma position. Que fait-il ? Impossible à savoir. Je ne shoote plus, de peur de créer une indiscrétion sonore. Il fait maintenant face à moi, me fixe et se rapproche d'un air décidé : vingt mètres... dix mètres... d'un geste léger et souple je cache mon appareil sous ma ghillie... cinq mètres... Il s'arrête à la lisière de mon bosquet. La tension est palpable, désormais, une simple barrière de bois haute de trente centimètres me sépare de cet homme. Je suis sur le dos, allongé face à lui, ma respiration s'est arrêtée, mon corps est totalement immobile. De gauche à droite, il scrute les buissons et ses alentours. Son regard se rapproche de moi... Quand inévitablement, nos regards se croisent. Mes yeux se figent dans les siens et ne laissent plus paraître un mouvement. Ce moment me paraît durer une éternité. Je prie pour qu'il reste où il se trouve sans faire un pas de plus. Je crois être repéré, mais nos regards se détachent, le garde du corps finit son scan de la zone boisée puis tourne les talons et s'éloigne pas à pas. Je respire de nouveau. Comme invisible derrière mon vêtement de camouflage, je ne faisais qu'un avec la végétation qui m'entourait. Il rejoint son chef et lui fait signe que tout est OK. La transaction a lieu et la scène est capturée. Puis Terry 1 et Terry 2 ainsi que leurs acolytes prennent tour à tour une direction pour quitter le parc. Nous ne sommes pas décelés, les clichés sont réussis, la mission est un succès.

Dans certaines situations, il faut attendre des heures immobile, patient, concentré, fondu dans le décor, parfois très proche de l'objectif.

LE REGARD DU DERNIER PRISONNIER

Il fait nuit lorsque nous rentrons en hélicoptère de cette opération. Nous ramenons des combattants pris les armes à la main. Ils ont passé tout le trajet entravés, les yeux et les oreilles obstrués. Ils ne savent pas où nous les emmenons et finissent par s'affaisser sur le sol de l'appareil, dans la torpeur de la nuit chaude que le désert nous offre. Ils chancellent sur leurs jambes couvertes d'une longue djellaba lorsque nous les ramassons pour les amener dans la zone de transit avant qu'ils ne soient emprisonnés pour être interrogés.

« Son âme est en ordre, et de toute évidence, il n'a pas peur de mourir. »

Au moment où nous leur retirons le masque occultant et le casque antibruit, nous éprouvons la même sensation lorsqu'on découvre une statue pour la première fois. L'obscurité qui régnait pendant l'opération ne nous permettait de distinguer que de vagues figures, les lunettes de vision nocturne faussant ce genre de détails. Mais sous la lumière des lampes du camp, les visages de ces hommes se dessinent tout à coup. C'est un moment particulier de découvrir leurs traits, et surtout leurs yeux. Ces derniers expriment d'une façon très directe l'état de leur âme à cet instant précis. J'ai pu distinguer trois types de réactions.

Parfois le prisonnier tourne la tête vers le sol et son regard figé vers la poussière est sans expression. Il semble avoir abandonné tout espoir, et se résigne à son sort. Il se traîne à chaque mouvement. Pourtant, sans doute était-il de ceux qui se pavanent avec de grands airs sur le toit des camions djihadistes en traversant les villages pillés et massacrés. À présent, sa superbe a disparu pour laisser place à l'abattement le plus profond.

Le prisonnier confus, l'air hagard, fixe quant à lui chaque soldat qui s'approche comme s'il en attendait une révélation, ses paupières grandes ouvertes. Son air ahuri est presque comique. Il répond aux questions sans réfléchir, se contredit.

Enfin, le dernier type est le plus singulier, le plus rare, celui que j'admire le plus. Sa cagoule à peine enlevée, il cherche notre regard et nous fixe droit dans les yeux avec ses pupilles noires de jais, d'un air indolent et arrogant. On sent la flamme du guerrier qui l'habite et qui ne s'éteindra pas facilement.

Son âme est en ordre, et de toute évidence, il n'a pas peur de mourir.

Parmi les moyens de transport
de prédilection des forces spéciales,
l'hélicoptère tient une place centrale.
Le cargo sert au transport des groupes,
le Tigre à l'appui des commandos au sol
grâce à sa puissance de feu conséquente
et la Gazelle, petite et rapide, permet
d'emporter quatre personnes maximum,
souvent des tireurs d'élite.

3
DÉVOUEMENTS ULTIMES

SEUL SURVIVANT

Je m'appelle Christian Grossman, je suis entré dans la Marine nationale en 1969 comme fusilier marin commando, que j'ai quittée après vingt-trois ans de service dont dix-neuf ans en unité opérationnelle avec le grade de maître principal en 1992.

Le 10 février 1986, j'ai survécu à un accident d'hélicoptère en Méditerranée, qui, après dix heures de lutte dans une eau à 8 °C, a coûté la vie à treize hommes et dont je suis le seul rescapé.

À cette époque j'étais à la cellule opération, où nous avions créé le groupe ELIS devenu aujourd'hui le groupe de contre-terrorisme et libération d'otage CTLO. Ce jour-là, nous étions six éléments du « Groufumaco » : le capitaine de corvette Jean-François Robidaire, l'aspirant Jean d'Oiron, le second maître Luc Guillard, le second maître Gilles Petit, le second maître Michel Geffrault, l'équipe de huit hommes de l'hélicoptère et moi-même. Nous avons embarqué à bord du Super Frelon de la 33F vers midi, et après quarante minutes environ de vol, nous sommes rentrés dans une zone de grêle ou de neige. Là, on comprend que quelque chose va se passer, d'ailleurs l'aspirant d'Oiron me demande, inquiet : « Vous avez vu le temps dehors ? » Alors, pour le rassurer et peut-être aussi pour moi, je lui réponds qu'il n'y a pas de souci à se faire, le Super Frelon est conçu pour l'amerrissage*.

Peu de temps après, le chef cargo nous fait signe de boucler nos ceintures, les turbines viennent de dévisser, nous perdons de la puissance... Nous allons nous crasher. Instinctivement je me prépare, montée d'adrénaline, pas le temps d'avoir peur, c'est l'impact. Malgré un amerrissage contrôlé qui permet à la cellule de conserver son intégrité, la violence du choc, la puissance du vent et les déferlantes explosent la verrière du poste de pilotage. L'eau entre dans l'appareil avec force. Le Super Frelon se couche sur le côté gauche et le chef cargo ouvre la porte latérale. Nous évacuons rapidement l'appareil sans panique équipés de nos gilets de sauvetage, personne n'est blessé. Nous sommes au beau milieu d'une tempête, transis de froid. Les deux pilotes nous rejoignent, tandis que le Super Frelon se retourne, se remplit d'eau puis sombre.

Malheureusement, après quelques heures, à bout de forces, les premiers ont arrêté de se battre et sont partis.

« Jamais je n'ai pu abandonner, ma vie se jouait contre les éléments et j'en ai décidé du sort sans me poser de question. Je savais que j'allais m'en sortir et j'y ai toujours cru. »

Ils s'en sont allés, les uns de fatigue, les autres d'hypothermie. Jamais je n'ai pu abandonner, ma vie se jouait contre les éléments et j'en ai décidé du sort sans me poser de question. Je savais que j'allais m'en sortir et j'y ai toujours cru. C'est cette foi en ma détermination qui m'a sauvé ce jour-là.

LUCKY LEUK, UN CHIEN AU SERVICE DES HOMMES

Voici un mois que les Forces alliées occidentales aident les Kurdes à se débarrasser de Daech. Cette nuit-là, des équipes s'apprêtent à mener des actions d'appui aux forces kurdes. Une colonne d'engins blindés pénètre l'obscurité pour rejoindre la zone de combat. Dotés de la double capacité assaut-explosif, mon chien Leuk et moi sommes à bord de l'un de ces monstres d'acier. Comme l'ennemi piège systématiquement la zone avant de la quitter, notre mission est de détecter et de localiser les engins explosifs improvisés. Nous devons nous frayer un chemin entre le désert, les villes et les bourgades pour nous installer dans les anciennes zones occupées par Daech.

Arrivée dans une zone pavillonnaire délabrée, la colonne de véhicules s'immobilise. Trois démineurs tapent à la porte de mon véhicule: « Forest, nous avons besoin de toi et de ton chien. » Rechercher des engins explosifs improvisés de nuit est très périlleux. Il s'agit là de vérifier un axe principal et les deux grands jardins de maisons entourés d'un mur d'enceinte. Sans le chien, il nous faudrait plus de vingt-quatre heures.

Leuk et moi avançons en pointe du dispositif. À l'arrière, les hommes sont discrets. Je donne une dernière caresse à Leuk et lui murmure: « Allez mon grand, fais-moi honneur ! » À chaque recherche, c'est la même chose, le travail de dressage et d'apprentissage du chien et du maître doit être à la hauteur. La vie des gars derrière en dépend. Je le mets en position de départ et je lui désigne sa première zone de recherche. Il coupe sa respiration, se concentre. À mon signal, son travail commence. La scène est irréelle: d'un côté des engins blindés dernière génération, de l'autre un animal de 30 kg, véritable soldat doué de capacités d'analyse et de prise de décision, qui nous dessine un passage en terrain hostile. L'équilibre est faible. Leuk est à l'aise, sa progression est fluide et je suis fier de le voir évoluer ainsi. Au fil des missions ici, il a gagné la confiance de tous. Dans la nuit, on le voit grâce à nos jumelles de vision nocturne et le dispositif lumineux installé sur son dos.

Son flair nous a fait gagner un temps précieux. Les démineurs ont pu baliser un chemin sûr pour arriver à la dernière maison dont le jardin doit recevoir la cellule de commandement. Je le rappelle par gestes, j'oublie qu'il ne peut pas me voir. Alors, agacé, je l'interpelle. Leuk s'arrête, étonné, puis me rejoint pour entamer la seconde zone.

« La scène est irréelle : d'un côté des engins blindés dernière génération, de l'autre un animal de 30 kg, véritable soldat doué de capacités d'analyse et de prise de décision, qui nous dessine un passage en terrain hostile. »

Le chien pénètre dans le jardin. Je me protège derrière les grands murs d'enceinte. Il stoppe et se couche pour désigner un tas de pierres. Je me tourne et cherche le chef de détachement. Ce dernier a aussi observé la scène. « Quand il s'est arrêté, je me suis arrêté de respirer. On ne va pas s'installer là », dit-il d'un ton peu rassuré. En effet, le chien vient de nous désigner un engin explosif improvisé. Nous nous mettons à l'abri et je le rappelle. La zone est tout de suite signalée comme mortellement dangereuse. Nous installerons nos moyens ailleurs et effectuerons avec succès notre mission d'appui. Longue vie au chien au service de l'homme !

Le commando Kieffer est le 6e commando. Ses cellules sont spécialisées en cynotechnie pour la recherche d'explosifs ou offensive, en renseignement humain, dans la mise en œuvre de drones, en guerre électronique et cyber, en déminage ou dans le combat en environnement NRBC (nucléaire, radiologique, bactériologique et chimique).

COMMANDOS MARINE

LE MUR DE L'ATLANTIQUE EST FRANCHI

« Au nombre de 177, les hommes de la France libre, aux ordres du commandant Kieffer, débarquent aux côtés de 2 500 fusiliers marins britanniques. »

À 7 h 23 ce matin du 6 juin 1944, l'aube se lève sur la Normandie occupée par l'envahisseur allemand. Au nombre de 177, les hommes de la France libre, aux ordres du commandant Kieffer, débarquent aux côtés de 2500 fusiliers marins britanniques. Après une longue nuit de traversée, houleuse et humide, ce sont eux qui foulent, avec honneur, en premier le sol normand. Sur le sable de la plage de Sword à Colleville-Montgomery, un orage de fer allemand s'est abattu.

Le commando français essuie ses premières pertes, trois hommes trouvent la mort, déchirés par des éclats d'obus. Léon Gautier, alors quartier-maître, raconte que, deux minutes après le débarquement, les Français prennent le premier blockhaus et réduisent le feu qui les menaçait des meurtrières. Il leur faut désormais traverser le champ miné qui les sépare de la ville. Les tanks qui doivent leur permettre de faire sauter les mines ont été pilonnés et sont inutilisables. Le bruit ambiant est infernal. Heureusement, durant la nuit le vent a soufflé. Une couche épaisse de sable meuble recouvre le tapis de mines et allège la pression des pas des Français, limitant ainsi le risque d'explosion. Ils tâtent prudemment le terrain d'abord, puis traversent rapidement.

Arrivé aux abords de la ville, le groupe se scinde en deux. Le premier doit s'occuper de déloger les adversaires allemands des treize bunkers restants, le second du casino occupé.

À force de sacrifices et de combats au corps à corps, les blockhaus tombent aux mains des hommes de Kieffer. Sous la pression du second groupe qui progresse dans la ville jusqu'au casino, les Allemands décident de se rendre.

À 11 h 30, l'objectif est atteint, le mur de l'Atlantique est franchi, Ouistreham est libérée et les Français font la jonction avec les Anglais.

L'histoire des commandos Marine est marquée de multiples théâtres d'opérations différents. Il y a des années ils combattaient en Algérie, les plus jeunes ont connu le Sahel et le Moyen-Orient.

LE SACRIFICE DE NINH BINH

Engagé en Indochine, le commando François dirigé par le lieutenant de vaisseau Labbens rejoint la province de Ninh Binh en mai 1951. À la fin du mois de mai, les soixante-quinze hommes (soixante-treize Français et deux supplétifs vietnamiens) s'installent dans une église abandonnée à l'écart du village de Ninh Binh, au milieu des rizières marécageuses. Envoyé dans la région afin d'y contrôler les passages sur la rivière Day et d'en reconnaître les différents bras, le commando doit aussi entrer en liaison avec les blindés de la Légion étrangère et les cavaliers basés à Gian Khau. C'est en réalité un bien plus sombre dessein qui y attend les bérets verts.

Ce 28 mai 1951, les mitrailleuses et les canons de 20 mm sont installés autour de l'église de Ninh Binh, les groupes patrouillent, à l'affût des signes d'une attaque Viet-Minh. Les alentours sont calmes, un peu trop aux dires de certains. Des coups de feu se font parfois entendre au loin et seuls quelques restes de brasiers épars trouvés dans les alentours de l'église laissent deviner une présence étrangère au commando. Pihan, un géant d'une centaine de kilos, n'a qu'une hâte, que l'ennemi pointe le bout du nez pour savoir à quoi s'en tenir. Le soir tombe, les dispositions habituelles d'un bivouac de nuit sont prises et les hommes se relaient aux quarts de garde.

Dans la nuit, des bruits étouffés de coups de feu claquent puis se taisent, seuls quelques filets de lumière agités percent l'obscurité. Puis explose la rumeur déchirante, le sol gronde, la terre vole. Pilonnés à coups de mortiers et de canons sans recul, les Français se réfugient dans l'église, ripostent à l'aveugle de leurs fusils-mitrailleurs. Sous le feu, des commandos arment le mortier sur le parvis de l'église, les balles pleuvent et bientôt les Viets déferlent sur les calcaires avoisinants. Labbens ordonne une sortie générale pour percer les lignes ennemies. Pihan et Malléco neutralisent le fusil-mitrailleur qui leur barrait le passage et les commandos doivent se séparer. Le feu ennemi est trop puissant pour y résister.

À court de munitions, l'unité doit maintenant tenter d'en réchapper. Les hommes se dispersent en plusieurs éléments. Certains trouvent vite des brèches dans le dispositif ennemi. D'autres comme Pihan luttent inévitablement au corps à corps pour s'en sortir. Les commandos ne voient des Viets que leurs ombres que précèdent les balles de leurs fusils. Il en surgit de partout, les Français se battent avec fureur toute la nuit. Des camarades tombent près d'eux, déchirés par les éclats de métal, traversés de balles ou ensevelis sous la terre projetée par les obus. Pihan, dernier survivant de son élément décimé par l'ennemi, est touché plusieurs fois et lacéré par l'acier. Moitié mort et toujours vivant, en se cachant, il échappe par trois fois aux ennemis qui le traquent dans les taillis et les fourrés. Poussé par l'élan vital et malgré ses nombreuses plaies, il trouve encore la force de traverser la rivière Gange. Sur la rive opposée, ses camarades incrédules le voient sortir de l'eau, ruisselant de sang, de boue et couvert de sangsues. Les rescapés rejoignent le rocher des partisans catholiques où ils sont recueillis. Les blessés sont envoyés à Hanoï où Pihan sera opéré de nombreuses heures.

« Pihan, dernier survivant de son élément décimé par l'ennemi, est touché plusieurs fois et lacéré par l'acier. »

Le commando François doit son destin funeste à sa position, trouvée sur l'axe de progression de la division 308 du général Giap composée de huit mille hommes. Il a été cité à l'ordre de la Marine le 12 décembre 1951 selon les mots suivants: « Ayant en un combat digne des meilleures traditions militaires tenu en échec un régiment, a fait perdre à l'ennemi vingt-quatre heures de son attaque. Par sa témérité, par son ardeur au combat, le commando François restera comme un exemple des plus belles qualités militaires poussées jusqu'au sacrifice total. »

Au total, seuls vingt-quatre hommes du commando François sont rescapés de ces combats. Des autres, neuf ont été tués dans l'attaque durant la nuit, douze ont disparu, seize sont fusillés le matin du 29 mai 1951, neuf sont morts en captivité et cinq sont rescapés des camps viets.

UNE NOUVELLE VIE M'ATTEND

Avant d'embarquer, Luc me donne ses dernières recommandations: « Tu sortiras le premier, tu choisis ton axe, la piste de décollage est une excellente référence. Prends de la vitesse. Tu attaques tes figures dès que tu le sens. Ouvre à 1 200 mètres et fais une approche et un posé au plus près de la flamme. »

Paré de son magnifique flamant rose dessiné sur la carlingue, le Pilatus Turbo Mingo* atteint 16 500 pieds. Concentration maximale. La voix de Pascal me fait sortir de ma bulle. L'adrénaline monte. D'une pression sur l'épaule, le chef largueur m'annonce 5 000 mètres. J'ajuste mes lunettes et jette un dernier regard sur la poignée de libération et celle de la voile de secours. Instinctivement ma main se pose sur celle de la voile principale.

Je suis paré pour le saut. J'ouvre le panneau. L'air chaud fouette mon visage. Le plongeon dans le vide me libère enfin. Encore loin de la piste, je m'axe avant de regarder brièvement mon altimètre*. Puis j'attaque: un tour droit sur axe, salto désaxé, loop désaxé, tonneau, tour gauche. Retour à plat. L'altimètre indique 2 000 mètres. Quelque chose cloche dans ma position. Un regard derrière moi confirme le malaise. Les suspentes* de la voile principale se sont libérées et claquent dans l'air qui défile à toute vitesse. Mon déploiement manuel est toujours dans son logement tout comme le sac à voile. Il faut faire vite car je perds de l'altitude. « Garde ton sang-froid », me répété-je. Ma cheville est prisonnière des suspentes. Une chute sur le dos sera plus appropriée pour la délivrer. Je me retourne et provoque la sortie de ma voile principale, hors de tout contrôle. Les tentatives pour me libérer sont vaines. L'emprise se resserre. Mon parachute principal, stoppé par les suspentes enroulées autour de ma cheville, n'est pas entièrement ouvert. L'air qui s'y engouffre tend les sangles. Le piège se referme et entame ma chair.

« Quelque chose cloche dans ma position. Un regard derrière moi confirme le malaise. Les suspentes de la voile principale se sont libérées et claquent dans l'air qui défile à toute vitesse. »

Mon altimètre indique 800 mètres. Le temps joue contre moi. Je tente une ultime action de libération. Poignée rouge tirée, poignée de secours tirée, c'est fait. Ralenti par la voile principale, je n'ai pas assez de vitesse et la voile de secours ne s'ouvre pas suffisamment.

Le sol arrive à toute allure, je me mets en boule. Puis j'ouvre les yeux. Le ciel est bleu. L'herbe m'entoure. Tout va bien. Je tente de me relever. Une douleur me cisaille le thorax. Je ne sens plus mes jambes. Je ne marcherai plus.

Une nouvelle vie m'attend.

L'ULTIME COMBAT DE LEUK

Au cœur de la nuit sombre, le chef terroriste que nous recherchons s'est retranché au sommet d'un épais massif rocheux et inhospitalier. Notre groupe de forces spéciales est engagé au sol pour le capturer. Dans les airs, un hélicoptère en appui survole la zone et nous aide à le localiser.

« La dépouille est ramenée au camp puis recouverte du drapeau français. Le chien est honoré comme un frère d'armes par ses compagnons de combat. »

« Je demande l'appui du binôme maître-chien », entend-on à la radio. L'hélicoptère perce alors la nuit, ses pales au bruit lourd soulèvent la poussière qui vient fouetter le visage des opérateurs dans un souffle chaud. L'appareil se présente face à notre groupe pour se poser. Forest et son chien de guerre Leuk descendent de la machine qui redécolle immédiatement pour reprendre l'appui depuis les airs.

La progression au sol est toujours aussi ardue. Les blocs rocheux qui se dressent devant le groupe permettent à l'ennemi de jouer une partie de cache-cache où celui qui cherche est mortellement désavantagé. Le groupe de commandos est nerveux. À l'inverse des hommes, Leuk est à l'aise. Ses sens sont en éveil, sa détermination est intacte, je sens qu'il veut se battre. Il progresse avec agilité et rapidité, avec tant d'empressement qu'il en fait tomber son maître qui peine parfois à le retenir.

Le groupe arrive près d'une position présumée de l'ennemi mais impossible de le localiser précisément. Il va falloir que le chien parte en reconnaissance. La colonne se forme donc derrière lui. Ce n'est plus un animal, c'est un élément d'assaut, un soldat qui va réaliser sa mission. Leuk est aguerri, il a maintes fois croisé le fer avec l'ennemi et aucun des gars qui le suivent ne doute de ses capacités. Son souffle est sous contrôle, son regard est acéré, les muscles de son corps tendu se dessinent. Forest lui donne l'ordre de chercher et d'attaquer. Alors, Leuk hume les effluves après s'être déplacé sous le vent, puis fouille ardemment le terrain. Il change soudain de direction comme d'allure et bondit dans une cavité. « Il est au mordant ! », signale Forest qui crie presque. L'injonction donne le top assaut. La colonne de commandos Marine fond sur la position, véritable forteresse de rochers à l'abri de toute lumière. Quatre détonations de kalachnikovs claquent. « Les gars, dépêchez-vous ! » On se fraie un chemin dans le dédale de granits, plus que quelques mètres avant la cible retranchée. Le terroriste ouvre le feu. « Pas de grenades létales ! Le chien est au combat ! » On balance deux grenades assourdissantes, et c'est la reddition. Affaibli par les morsures de l'animal, sentant sa fin arriver, le chef terroriste se rend à notre groupe de commandos. L'assaut terminé, les hommes gardent leur sang-froid malgré l'émotion : Leuk est tombé sous les balles.

La dépouille est ramenée au camp puis recouverte du drapeau français. Le chien est honoré comme un frère d'armes par ses compagnons de combat, conscients du sacrifice ultime qui leur permet d'être en vie. Leuk, chien de guerre.

RECONSTRUCTION

La sélection, la formation, l'entraînement et l'utilisation des commandos Marine sont peu connus du grand public. Tout aspirant commando Marine doit être en bonne santé et de constitution très robuste afin de pouvoir subir des conditions de vie des plus spartiates.

La réussite du fameux « stage commando » est avant tout subordonnée à une motivation et une volonté de réussir sans faille. Chaque aspirant doit être capable de composer avec la faim, la soif, de faire abstraction totale du froid, de la chaleur, de l'humidité, de la fatigue. Il faut être en capacité de toujours pouvoir réfléchir pour s'adapter, ne pas subir, prendre le dessus sur l'adversaire et vaincre.

L'entraînement au sein des unités spéciales est éprouvant, l'engagement est sans limite et quasi sacerdotal. On y vit à pleine intensité pour inlassablement se perfectionner dans les techniques d'approche et de mise en place parachutée, sous-marine, nautique rapide et dans les techniques de combat et d'intervention en milieu hostile.

La palette d'actions est large et le travail immense car il faut pouvoir être le meilleur tout le temps et partout. Tout ce que ces gars font à l'entraînement et en mission est dangereux, risqué. La mort rôde, frappe parfois ! Chez les commandos comme à la Légion étrangère, on ne pleure pas nos morts, on les honore. Ils restent dans nos cœurs. Impossible pour nous d'oublier nos frères d'armes tombés, quelles que soient les circonstances.

Pourtant, la mort nous épargne parfois. Elle nous laisse alors inconscient, le corps meurtri, mutilé, physiquement diminué.

Et un jour, ce fut mon tour. J'avais bien imaginé pouvoir mourir, je l'avais envisagé en honorant des camarades lors de cérémonies. Cela fait partie des risques du métier et j'avais accepté. Mais devenir handicapé ? Je l'avais évacué de mon esprit. C'est toutefois le sort qui m'a été réservé.

Le parcours juste après ma blessure fut le même que pour beaucoup d'autres avant moi. Le rapatriement à l'hôpital du Val-de-Grâce dans le coma puis des interventions exécutées par un formidable Service de santé des armées pour éviter que je ne décède. Pendant cette période d'inconscience, la rigueur de l'entraînement a beaucoup favorisé la récupération.

Puis le réveil. On ne sort pas d'un coma comme d'une bonne nuit de sommeil. Il faut être patient, chaque jour qui passe apporte ses désillusions et ses victoires. Chaque geste de la vie quotidienne que l'on faisait naturellement devient un obstacle à vaincre. À chaque réussite, la porte de sortie se rapproche.

La reconstruction prit beaucoup de temps, deux ans à peu près. J'alternais les interventions et la rééducation à l'Institution nationale des Invalides en suivant un planning opératoire de reconstruction. On mit d'abord en place une prothèse oculaire, puis après avoir réduit le nombre de fractures des mâchoires on refit ma dentition pour que je puisse enfin mastiquer. Mes moignons furent préparés à l'appareillage afin de suppléer à l'amputation des bras. Les souffrances que je vivais furent nécessaires pour mon mieux-être. L'établissement séculaire des Invalides était commandé par des gens d'exception, le médecin général Lagrave et les généraux de Galbert puis de Lapresle comme gouverneurs, qui faisaient énormément pour notre rétablissement. C'est ici, avec mes compagnons d'infortune, que je fis le constat que, quelle que soit l'adversité, nous sommes toujours le privilégié de quelqu'un.

« J'avais bien imaginé pouvoir mourir. Cela fait partie des risques du métier et j'avais accepté. Mais devenir handicapé ? Je l'avais évacué de mon esprit. »

Le passage d'une vie intense, active et physique à la vie de handicapé n'est pas facile. Il nécessite de l'abnégation, de la résilience, d'une envie viscérale de vivre. La famille et le conjoint jouent un rôle particulier. Il fallait que je relève ce défi de la vie car il me fallait assumer mon rôle de mari et de père. Les conjoints de militaires doivent posséder de grandes qualités morales. Ce sont l'âme de la famille, le lien essentiel pour maintenir l'autorité et l'harmonie familiale et préserver l'insouciance des enfants. Ils méritent une grande considération, et les plus hautes décorations qui reviennent à leurs maris ou femmes leur appartiennent aussi.

Malgré ce lourd handicap, j'ai une belle vie, riche d'une famille soudée, de rencontres et d'amis sincères – commandos ou non –, remplie de magnifiques souvenirs. Tout est tourné vers le présent et l'avenir, car le temps est compté dans cette vie. J'ai beaucoup de temps pour réfléchir au sens de l'engagement et si je devais résumer le mien, je dirais simplement : « Je ne regrette rien. »

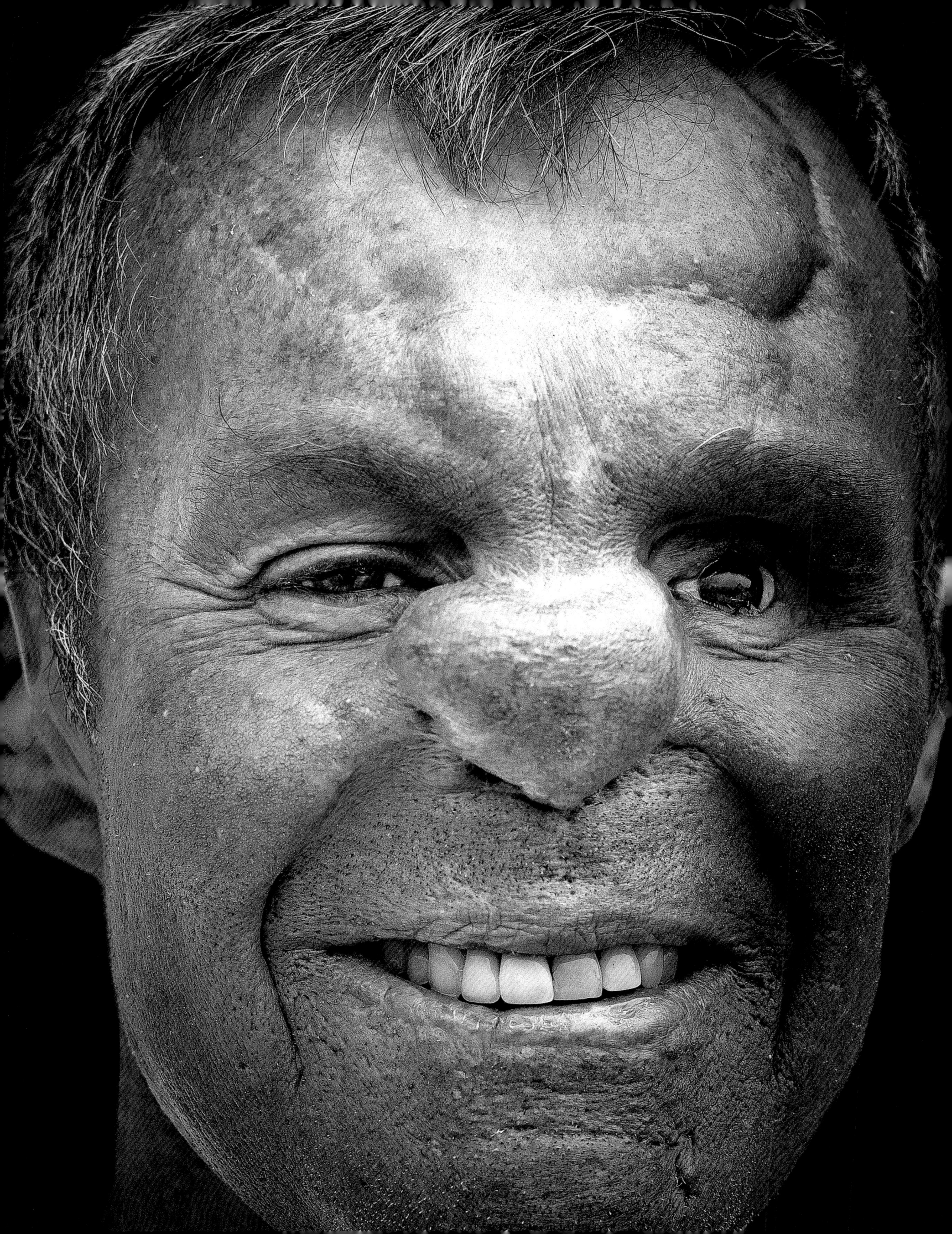

LE SALUT DU SABRE

Le 19 novembre 1997, un message nous annonce la mort du capitaine de corvette Yvon Graff survenue ce jour à Belgrade en ex-Yougoslavie où il assurait depuis le 6 janvier les fonctions d'adjoint au chef du centre régional de la Mission européenne d'observation, de contrôle et de médiation.

Yvon s'est engagé dans la Marine en 1964. Après être passé par l'École des mousses, il rejoint les fusiliers marins en 1969 et effectue son cours de quartier-maître à l'École des fusiliers. Au mois de novembre 1969, je suis au commando de Penfentenyo à Lorient lorsque embarque le fringant quartier-maître. C'est le début d'une brillante carrière en commando. Suit, en 1975, le passage du brevet supérieur, puis le commando Jaubert et la section Reco de 1976 à 1979. Devenu officier spécialisé en 1980, Yvon passe par la protection de l'île Longue, l'École des fusiliers marins et le groupement commandos. Il est déployé au Maroc, en Mauritanie, en Yougoslavie.

Yvon Graff, homme singulier, a toujours su faire taire les critiques par son charisme et obtenir la confiance de ses chefs, l'adhésion de ses hommes et l'amitié de ses pairs.

Le 14 juillet 1995, deux ans avant sa mort, le capitaine de corvette Yvon Graff est commandant du détachement de fusiliers marins et commandos qui défile sur l'avenue des Champs-Élysées et moi je suis chef de compagnie.

Depuis une semaine que nous répétons la cérémonie, tout est maintenant millimétré pour que l'Armée française donne la meilleure image au public.

Au matin du 14 juillet, notre détachement de commandos descend l'avenue en direction de la tribune présidentielle. Je suis derrière Yvon, au pas. Et là, dans mon plus grand étonnement, au mépris des réprimandes encourues, Yvon salue le détachement de Légion étrangère, nos confrères, dans un majestueux mouvement de sabre. Bien évidemment, mon père ayant servi à la Légion, je fais de même.

« Chez nous, militaires, un tel geste ne passe pas inaperçu et l'effectuer si près de la tribune présidentielle est une folie qui demande un sacré culot ! »

Ce salut du sabre n'avait pas lieu d'être. Chez nous, militaires, un tel geste ne passe pas inaperçu et l'effectuer si près de la tribune présidentielle est une folie qui demande un sacré culot ! C'est pour saluer avec reconnaissance nos camarades légionnaires qui souvent ont partagé les mêmes théâtres d'opérations et qui portent sur leur tête un béret vert, comme nous.

Yvon a, ce jour-là, appliqué avec cœur la devise de notre belle École des mousses : « Mousse, sois toujours vaillant et loyal. »

Chez les commandos Marine, chaque nouvel arrivant se voit remettre son béret vert par un commando plus ancien qui devient son parrain. Le lien qui les unit est puissant et traverse ainsi d'homme en homme les générations.

FRAPPÉ DE PLEIN FOUET, LOÏC S'EFFONDRE

Janvier 2006, treize soldats des commandos Trépel et de Montfort s'envolent vers l'Afghanistan afin de combattre Al-Qaida aux côtés des forces spéciales américaines. Ils sont déployés pour quatre mois à Spin Boldak dans le Kandahar, région voisine du Pakistan, point stratégique de passage des troupes de talibans qu'ils doivent détecter et détruire. À leur tête, le chef de groupe charismatique et paternel, Loïc Le Page, fils du premier général du Commandement des opérations spéciales.

Sur le camp qui rassemble trois cents forces spéciales françaises, les conditions de vie sont rudes. La rusticité des hommes est mise à l'épreuve, ils n'en sont que plus soudés. Le climat afghan est exécrable, le froid règne partout, les pluies sont violentes.

Quand ils sortent du camp dans les véhicules qu'ils ont adapté eux-mêmes, les hommes de Loïc Le Page sont confrontés à deux dangers. Le terrain difficile et escarpé qui ralentit leur progression et les conduit à changer jusqu'à six pneus par jour et les fatigue; et les engins explosifs improvisés, qui peuvent être dissimulés sur n'importe quelle route ou piste et déclenchés automatiquement ou par téléphone à leur passage. La vigilance est de mise.

Dans les villages des magnifiques vallées afghanes, le groupe s'émerveille aussi des paysages, discute avec les villageois, les aborde avec bienveillance pour collecter des renseignements sur les talibans.

Le 2 mars, un groupe d'une vingtaine d'hommes est détaché sur un *compound** situé au cœur de la vallée montagneuse de la Marouf, réputée comme active. Composé d'hommes du 1er RPIMa, du 13e RDP*, de la guerre électronique, de la conventionnelle et du groupe de Trépel, le détachement part, dès l'arrivée, au petit matin du 4 mars, en reconnaissance du village de Salam Kalay. L'itinéraire a été longuement préparé et briefé, un dernier point avant le départ et tout le monde embarque dans les véhicules.

Le convoi se sépare du véhicule du 13e RDP en haut d'une colline, au sud du village, pour renseigner sur les mouvements en contrebas. Quelques minutes plus tard, à la radio, les hommes du 13 signalent une fuite de dix insurgés armés. Leurs camarades sur la route de Salam Kalay les voient s'échapper, cinq cents mètres devant eux. Georges, le chef de détachement, donne l'ordre à Loïc de les stopper avec son groupe. Les *gunners** des commandos Marine, debout à l'arrière des véhicules tout-terrain, tirent à la 12,7 mm sur les talibans. Le groupe ennemi se dissout sous leurs yeux avant de disparaître dans le relief.

« Le taliban lâche une rafale de derrière son rocher. Frappé de plein fouet, Loïc s'effondre. »

Un instant après, le véhicule du 13 laissé en surplomb pour la surveillance de la zone est pris à partie.

Le convoi se sépare alors en deux. La première partie, composée du véhicule de commandement de Georges et d'un camion tout-terrain, file pour appuyer l'élément laissé en arrière au sud, la seconde partie, comprenant le camion de Loïc et la Peugeot P4 de Gino, le tireur d'élite, se dirige vers le nord pour prendre l'ennemi en étau. Hors de la piste, dans le relief escarpé, les véhicules qui font route vers le nord manquent de rester coincés plusieurs fois.

Loïc prend la décision de continuer à pied avec trois gars tandis que Lulu et Gino restent en appui au niveau des véhicules, l'un à la 12,7 mm et l'autre au fusil *sniper* Accuracy.

Au même moment, Georges et ses gars sont accrochés au sud. Très vite, par un stratagème de détournement de l'attention ennemie doublé d'un tir de précision au fusil *sniper*, le groupe du chef de détachement neutralise l'ennemi.

Au nord, Loïc, Dimitri, Bebel et Leroy progressent à pied jusqu'à arriver à une fourche formée de deux ravines*, hautes de deux à trois mètres. Assez pour perdre la communication visuelle et radio. Ils se séparent en deux binômes, chacun une ravine.

« Loïc Le Page est le premier homme des forces spéciales à tomber au combat depuis leur naissance en 1992. Tragiquement, lui, le fils du général qui les avait créées. »

Leroy avance. Derrière le haut talus, à une centaine de mètres, se tient un taliban armé d'une mitrailleuse PKM. Le commando se relève, épaule, tire. Loupé. L'ennemi rafale à tout va. Un duel s'engage. À la radio, Bebel l'appelle « Leroy, Leroy ! » Mais pas de contact radio et plus de liaison visuelle avec son binôme. Leroy touche l'ennemi, les coups de feu cessent. Loïc, qui a à la fois entendu les tirs une vingtaine de mètres plus loin et les appels radio infructueux de Bebel, ne sachant pas si son camarade au feu est blessé, laisse son binôme Dimitri se poster et part à la recherche de Leroy. Après avoir neutralisé le premier taliban, Leroy engage un duel avec un second, protégé derrière un rocher. Pour tirer, l'ennemi fait hasardeusement dépasser son arme au-dessus de gros cailloux. Ses tirs en rafale sont imprécis mais les balles volent de partout. Pour Lulu et Gino en appui derrière sur leur P4, impossible de venir en aide à Leroy, le danger n'est pas localisable depuis le promontoire. L'œil dans leur lunette, les deux hommes assistent à la scène, impuissants. Loïc sort de la ravine pour aider Leroy qu'il a repéré. Le taliban lâche une rafale de derrière son rocher. Frappé de plein fouet, Loïc s'effondre. Gino, qui voit au loin Loïc tomber, se précipite à son secours avec Dimitri. « Accroche-toi Loïc, pense à tes enfants ! » Pendant ce temps-là, le secouriste du groupe, Leroy, est toujours en prise avec le taliban. Sous l'impulsion provoquée par la chute de son chef, il se rapproche dangereusement de l'homme dissimulé et finit par le neutraliser.

Loïc est maintenant entouré de ses trois hommes, Leroy fait ce qu'il peut pour le sauver. Les massages cardiaques se succèdent. Le reste du groupe les rejoint en courant du sud depuis le village pour sécuriser la zone du blessé. Il reste encore sept talibans dans la nature et personne ne sait ce qu'ils préparent. Georges prévient la base pour une évacuation sanitaire aéroportée.

Les minutes sont des heures, Loïc ne donne plus de signe de vie mais il faut continuer les soins, il n'est pas question de le laisser, quand bien même les chances de le sauver s'amenuisent. Après deux heures d'attente, l'hélicoptère arrive et évacue Loïc. Un groupe du CPA 10, les commandos de l'Air, rejoint le détachement laissé sur place pour fouiller le village. Ils y trouvent des renseignements, des armes et font trois prisonniers.

À la tombée de la nuit, en bivouac, les commandos apprennent la mort de Loïc.

Quelques jours plus tard, à Kandahar, ses hommes lui disent au revoir. Le deuil commence pour eux qui perdent leur chef de groupe, un modèle. Le cercueil recouvert du drapeau tricolore sur les épaules, le groupe de commandos Marine traverse les trois cents mètres de tarmac qui les séparent de l'avion qui emportera Loïc en France. Le long de la piste, sur huit rangs, les soldats américains, au garde-à-vous, rendent hommage à Le Page. La pluie tombe, la rampe de l'avion s'ouvre. Quand elle se referme, la pluie s'arrête brusquement.

À l'autre bout du monde, en France, Loïc, 30 ans, laisse une femme de 28 ans, un fils de 3 ans et une fille de 1 an. « Papa ne reviendra jamais. »

Premier Français mort au combat depuis des années, premier homme des forces spéciales à disparaître depuis leur naissance en 1992. Tragiquement, lui, fils du général qui les avait créées. Décoré de la Bronze Star américaine, le nom de Loïc Le Page est gravé au mémorial des forces spéciales américaines. Sur sa tombe, ses hommes y ont laissé en épitaphe : « Loïc, homme épris d'absolu, ennemi de la médiocrité, force tranquille au service de la paix, ta vie, sans fin, germera. »

Un opérateur du commando Trépel,
le groupe auquel appartenait Loïc Le Page.

NDO TRÉPEL

EXPLOSION D'UN ENGIN PIÉGÉ

Frédéric Paré a 22 ans quand il s'engage dans la Marine nationale pour servir en tant qu'infirmier. Après un passage de quatre ans au bataillon des marins pompiers de Marseille, il intègre les commandos Marine en 2004. Disponible, consciencieux, travailleur et fidèle camarade, Frédéric s'intègre parfaitement au sein des forces spéciales.

« Alors qu'il ouvrait la progression de son unité, Frédéric est tombé dans une embuscade tendue par une quarantaine de rebelles. »

Volontaire pour les opérations extérieures, Frédéric part en Afghanistan en 2005 en qualité d'infirmier commando au sein du « Task Group Ares V » dans un contexte interarmées avec les hommes du 1er RPIMa de Bayonne.

Le 6 mai, il sauve la vie de deux militaires de la police afghane blessés par balle près de la base opérationnelle de Garang, grâce à une prise en charge paramédicale de belle qualité. Un mois plus tard, le 5 juin 2005, au cours d'une action sensible rendue très délicate par l'environnement local et les conditions climatiques difficiles, malgré les risques, il aura contribué de manière déterminante au succès de la mission qui a conduit à l'arrestation de quinze talibans. Lui, le marin, il connaît pour la première fois en Afghanistan la sueur du désert, le froid des nuits, la solidarité au combat.

En août 2006, un an après, l'infirmier part de nouveau en Afghanistan, dans la région de Kaboul. Il y est rattaché à un groupe de commandos parachutistes du CPA 10. Le 25 août, il est tué dans une embuscade menée par une quarantaine de talibans. Voici la citation du maître principal Frédérique Paré par le ministre de la Défense à l'ordre de la Marine nationale qui lui vaut la croix de la valeur militaire avec palme de bronze : « Détaché en qualité de fusilier commando au sein du "Task Group Ares" dans le cadre de l'opération "Héraclès porte sud" en Afghanistan depuis le 6 août 2006, a fait preuve d'un comportement militaire et d'une détermination exemplaires. Dans un environnement hostile, a participé avec succès au sein de son escouade à plusieurs opérations de surveillance et d'interception, de jour comme de nuit, contre des milices anti-coalition. S'est particulièrement distingué le 25 août 2006, lors de la mission "Dragon Noir 7" alors qu'il effectuait en zone d'insécurité permanente et dans une région difficile d'accès, une reconnaissance de piste et de village. Au cours de cette patrouille, alors qu'il ouvrait la progression de son unité, est tombé dans une embuscade tendue par une quarantaine de rebelles et a été mortellement blessé lorsque son véhicule a été détruit par l'explosion d'un engin piégé. Doté de capacités professionnelles, militaires et humaines indéniables, a fait preuve de courage et de sang-froid en accomplissant son devoir au péril de sa vie, luttant contre le terrorisme et pour la consolidation de l'État afghan. Pour ses qualités exemplaires, pour son comportement au service de la France, mérite d'être cité en exemple. »

DES GUERRIERS D'EXCEPTION

Le 1er mai, dans le nord du Bénin, deux Français sont pris en otage par un groupe terroriste agissant au Sahel. Immédiatement, des moyens sont mis en place par la force française Barkhane pour collecter du renseignement sur les mouvements des terroristes. Avec l'appui des moyens américains et des forces burkinabées, la trace des otages est retrouvée.

« La Nation tout entière qui en ce jour, vous rend hommage, se souviendra. [...] La Nation saura que vous avez fait votre devoir car pour les peuples libres, pour les grandes nations, les noms des héros ne s'effacent jamais. »

Emmanuel Macron, président de la République

« La France a perdu deux de ses fils, nous perdons deux de nos frères. »

Général Lecointre, chef d'état-major des armées

Le 7 mai, une opération discrète est menée par les forces spéciales françaises afin de collecter des informations pour établir une traque précise des ravisseurs qui se dirigent vers le nord du Burkina Faso. Les renseignements permettent de comprendre que les otages vont être livrés à la Katiba Macina, groupe terroriste influent du Mali. Une fois les otages remis aux djihadistes, il sera impossible de les récupérer par une opération de vive force. Mais tant que les ravisseurs sont mobiles, une telle opération n'est pas jouable. Il faut attendre que leur position se stabilise.

Dans la journée du 9 mai, les terroristes font une halte près de la frontière malienne, toujours en territoire burkinabé. C'est sans doute le dernier moment pour agir. Le vert est donné au Commandement des opérations spéciales pour la préparation de la mission que le président de la République valide, après présentation du chef d'état-major des armées, le général Lecointre. L'opération est très complexe, les moyens de déplacement aéroporté, la logistique sanitaire et les ravitaillements sont mis en place dans des délais impressionnants.

Dans la nuit du 9 au 10 mai, les hommes du commando Hubert s'infiltrent dans la nuit noire à proximité du camp, composé de quatre bâtiments, où sont retenus les deux otages français.

Arrivés à une dizaine de mètres des abris, ils sont repérés par la sentinelle. Les cliquetis des kalachs que l'on arme se font entendre. L'ordre est donné de monter à l'assaut sans ouvrir le feu, pour être certain de ne pas blesser les otages. C'est lorsqu'ils pénètrent dans les abris qu'Alain Bertoncello et Cédric de Pierrepont essuient des tirs à très courte distance et perdent la vie. Né en 1986, Cédric de Pierrepont est entré dans la Marine nationale en 2004. En août 2012, il réussit le cours de nageur de combat puis rallie le commando Hubert. Il y occupait les fonctions de chef de groupe commando depuis le 1er avril 2018. Alain Bertoncello est né en 1991. Il est entré dans la Marine nationale en 2011 et était membre des commandos Marine depuis 2012. Il avait lui aussi obtenu le brevet de nageur de combat et rejoint le commando Hubert en juillet 2017.

Les deux otages, quant à eux, sont sains et saufs. Un otage américain et un otage sud-coréen sont retrouvés sur le camp.

L'opération, décrite plus tard par la ministre des Armées comme « d'une rare difficulté que peu d'armées au monde sont capables de mener », est un succès.

Le 14 mai, la Nation rend hommage à Cédric de Pierrepont et Alain Bertoncello, « militaires d'expérience » et « guerriers d'exception », lors d'une cérémonie dans la cour des Invalides.

L’investigation consiste à progresser en milieu clos, en terrain hostile ou en milieu urbain. Souvent en colonne ou en binôme, il faut avoir une confiance aveugle en ses camarades qui protègent nos flancs autant que nous protégeons les leurs.

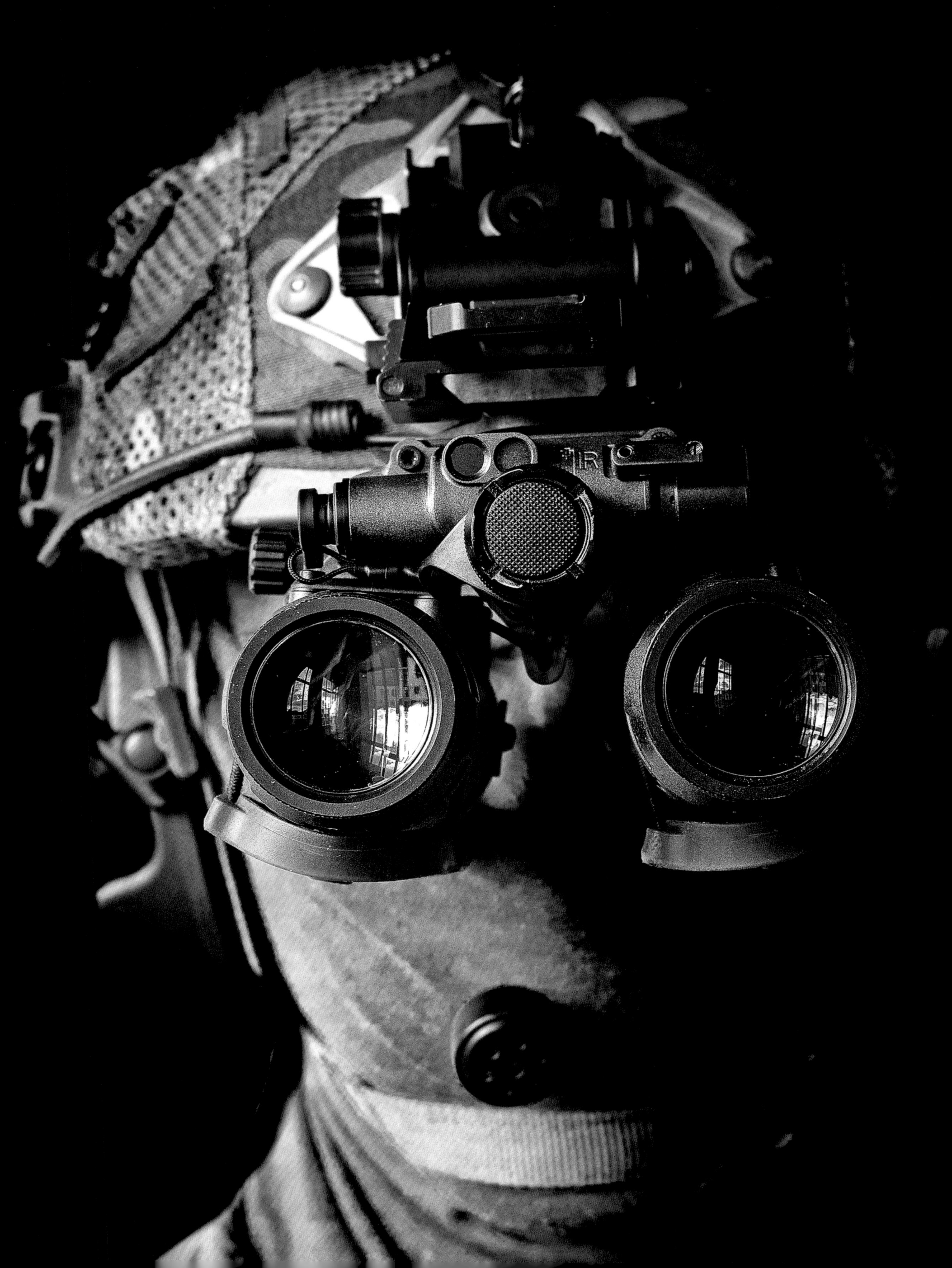
IR

MORT UN 14 JUILLET

« Par son action, il a permis de conduire la patrouille à son terme tout en sécurisant la zone. »

Entré dans la Marine en 2003, Benjamin Bourdet reçoit son béret vert à l'issue du stage commando en 2008. Homme de sang-froid au sens de la camaraderie remarqué, tireur de précision au sein du commando Jaubert, il est déployé pour la première en Afghanistan en 2011 lorsqu'il y est tué dans la vallée d'Alasay, en Kapisa. Il est cité à l'ordre de l'Armée :

« Engagé à compter du 12 juin 2011 comme équipier "groupe action" au sein du groupement de forces spéciales Jehol, dans le cadre de l'opération "Pamir" en Afghanistan, a fait preuve de belles qualités militaires. S'est particulièrement distingué le 3 juillet lors de l'opération "Omedwaar 16". Après une infiltration pédestre en totale discrétion, a été pris sous les feux d'insurgés. A conservé son sang-froid dans un contexte extrêmement tendu et sur un terrain difficile afin de faciliter la manœuvre menée par son chef. Par son action, a permis de conduire la patrouille à son terme tout en sécurisant la zone. Le 14 juillet, au cours de l'opération "Wazefa 01", pris à partie par des rebelles, a manœuvré et riposté judicieusement avant de parvenir à gagner une position moins exposée. Pris ensuite sous le feu d'un tireur embusqué, a été mortellement blessé malgré les tirs de riposte de ses camarades. Pour son sacrifice au service de la France, mérite d'être cité en exemple. »

Cette citation comporte l'attribution de la croix de la valeur militaire avec palme de bronze.

NUIT TRAGIQUE À BREST

Juin 1993. Maître des cours, je suis confiant pour mes élèves du 69e cours Nageurs de combat (CNC). Certes, avec les instructeurs, nous ne les avons pas ménagés, mais leur avons donné le meilleur de nous-mêmes, c'est là l'essentiel. Quatorze nous ont déjà quittés. Après les assauts du port de Toulon, ils sont encore dix. Les attaques de Brest constituent une ultime et capitale épreuve et je ne suis pas inquiet pour eux. C'est toujours avec grand plaisir que je retrouve la rue de Siam, Recouvrance et ses lieux de fête qui ont bercé mon adolescence de moussaillon. L'ambiance est détendue, les élèves nageurs de combat (NC) ont fait le plus dur, ils voient enfin le bout du tunnel.

Les attaques de la Penfeld se passent relativement bien pour tous, restent celles de la grande rade après l'emblématique raid kayak de plus de cent bornes.

1 h 30. Les équipes glissent sans bruit de leur embarcation pour s'immerger et aborder leur cap aller. Dans maximum deux heures, dix charges NC seront placées aux endroits stratégiques de cinq bâtiments de la Royale. Les sorties de l'eau devraient s'échelonner entre 4 heures et 5 heures. En qualité de directeur de plongée, je suis à bord d'un canot de la Direction du port. En temps réel, je suis les itinéraires sur une carte marine, imagine les éventuels cas non conformes et suis les temps calculés par chaque binôme. Tous ces éléments sont inscrits sur leur projet d'attaque.

Mon dispositif de sécurité est en place avec des zodiacs armés par des instructeurs équipés avec leur matériel de plongée air et notre infirmier hyperbare. L'arsenal est en alerte maximum, toutes les lumières ont été éteintes, pas de lune, on n'y voit rien. Le temps est calme, une légère brise fend la nuit, il règne un inquiétant silence sur la défense du port.

Entre 4 h 20 et 4 h 55. Quatre équipes ont rejoint leur kayak. Pour eux tout s'est passé comme prévu, cas non conformes inclus. Il reste à vérifier que les charges sont correctement posées.

5 heures. L'équipe « B – L » n'a toujours pas fait surface. La *deadline*, règle de sécurité impérative pour se signaler en surface, est 5h30. J'informe tous mes zodiacs, leur demande de redoubler d'attention et de parcourir le trajet entre leur cible, le *Monge*, et leur point de sortie.

Je vérifie à nouveau leur itinéraire. L est le chef du binôme, c'est lui qui assure le cap. Lors des exercices de précision de navigation, il faisait partie des meilleurs. L'attaque de la Penfeld a été très moyenne pour eux, je leur ai volontairement assigné le *Monge* pour qu'ils se rattrapent. Impossible de le manquer même les yeux fermés, ce bâtiment d'essais et de mesures « secret défense » flambant neuf fait 230 m de long pour un tirant d'eau de 7,70 m, presque un porte-avion. Mon cerveau fonctionne à deux cents à l'heure, l'hypothèse de l'accident est bien présente mais je préfère imaginer qu'ils sont planqués en surface et qu'ils progressent en natation tactique pour regagner leur kayak.

« Nous sommes démunis, cette nuit blanche tourne au cauchemar. Je connais trop les élèves… mes petits frères. Il est bien arrivé un drame ! »

5 h 15. Le silence devient pesant. J'informe le poste de commandement où se tiennent les autorités du port ainsi que Yéti, le chef du cours. Il reste encore quinze minutes d'espoir. Dans le même temps, je demande à un instructeur de se mettre à l'eau sous la coque du *Monge* pour vérifier si leur charge est posée.

5 h 30. Tous les zodiacs ont quadrillé la zone, toujours rien ! Cette fois je suis sûr qu'un drame est survenu. Les élèves sont trop formatés pour ne pas appliquer l'ultime règle de sécurité, se matérialiser en surface à l'aide de leur lampe à éclat, la *deadline* venue. Je lance dans l'eau deux pétards de rappel, puis deux autres dix minutes plus tard, puis deux autres encore. Je crains le pire, préviens à nouveau le poste de commandement pour renforcer et organiser les recherches.

5 h 45. Les charges ont été placées avec minutie aux bons endroits, preuve de leur parfaite conscience à ce moment délicat. Le problème n'a pu se produire que sur l'itinéraire de repli. On concentre les recherches. Steph B. me signale avoir entendu un cri vers l'entrée des passes, il se rend aussitôt sur place. L'aube déchire l'obscurité, les mouettes s'envolent en criant, c'est peut-être ce qu'il a entendu. Dans le doute j'envoie un second zodiac vérifier.

6 heures. Nous sommes démunis, cette nuit blanche tourne au cauchemar. Je connais trop les élèves... mes petits frères. Il est bien arrivé un drame !

7 h 30. Les plongeurs du 2e groupement des plongeurs démineurs de Brest viennent en renfort. Puis ce sont les nageurs de combat du service Action de Kelern. Des palanquées de plongeurs se mettent à l'eau pour ratisser les fonds. La solidarité est belle à voir mais pour ma part l'espoir de les revoir vivants m'a quitté.

8 heures. Le poste de commandement fait décoller un hélico pour survoler le goulet de Brest, au cas où le binôme aurait été emporté par le courant fort de la marée descendante. J'aimerais le croire, mais je ressens au plus profond de mes tripes qu'ils sont toujours là, bloqués, coincés quelque part.

10 heures. Fin des plongées. D'autres plongées de recherche sont organisées dans l'après-midi. Nous rentrons dans nos quartiers, la mine déconfite et la mort dans l'âme. L'après-midi, ni les plongeurs, ni l'hélico renvoyé sillonner le goulet et la grande rade n'ont trouvé le moindre indice.

Tous les dix ans, deux élèves nageurs de combat meurent au même endroit, dans le difficile apprentissage de leur métier. En 1983, une année avant mon cours, je revois l'enthousiasme et la joie de C.V. et A.L. rencontrés dans un bar rue de Siam, deux jours avant leur mortel accident. En 1973, les deux nageurs de combat ne sont rendus à leur famille que de très nombreux mois plus tard, quand Neptune, la mer et les grandes marées en eurent décidé ainsi.

Vendredi minuit. Malgré la fatigue, je n'ai pas réussi à dormir, je suis sorti seul et traine dans les bars. Je pleure en silence et écluse calva sur calva. Au petit jour, vingt-quatre heures après le drame, je me réveille dans un piteux état, allongé dans un caniveau du port de commerce.

Samedi. Les nouvelles recherches n'ont rien donné.

Dimanche après-midi. Je somnole d'un mauvais sommeil sur ma bannette dans les souterrains de la Direction du port quand on me prévient que Jean-Luc M., mon adjoint major de l'Armée de terre, a retrouvé Éric L. et Stéphane B. Je me rends aussitôt sur place et observe avec une vive émotion nos camarades, nos frères d'armes allongés sur un ponton, raides, toujours sanglés l'un à l'autre. Unis dans la mort.

Trente ans sont passés, trente ans déjà mais c'était hier.

« Max » et Stéphane reposent en paix avec tous nos camarades disparus, trop tôt, au paradis des braves.

« Éric, l'émotion qui nous envahit est intense lorsque nous nous remémorons le chemin parcouru ensemble. Ce chemin tu t'y étais lancé avec la vivacité et l'ardeur qui faisaient de toi un exemple aux yeux de tous, les stagiaires marins et soldats de l'Armée de terre, unis dans la difficulté par cette volonté et cette joie de vivre qui font la force de la jeunesse.

Ton tempérament et tes compétences faisaient de toi à la fois un équipier apprécié et un « pistard », un chef de bande qui faisait l'unanimité malgré les différences de grades et de couleurs des bérets. La tâche n'était pas facile, mais toi, tu y mettais tout ton cœur et tu n'as jamais baissé les bras dans les moments les plus difficiles, car pour toi, le courage et l'espoir permettaient toujours de triompher.

Avec Stéphane, ton ami, tu es allé jusqu'au bout de ton rêve, rejoignant tous nos frères d'armes que Dieu a déjà rappelés auprès de lui, et dont le souvenir reste à jamais gravé dans nos mémoires.

« Max », c'est le cœur plein d'espoir que nous avons commencé ensemble notre parcours, c'est le cœur plein d'émotion que maintenant nous prions. »

Lecture faite le vendredi 11 juin 1993 en l'église de Creil par les élèves du 69e cours de Nageurs de combat, en mémoire du second maître Lechauve.

« Je connais des bateaux qui restent dans le port de peur que le courant les entraîne trop fort.

Je connais des bateaux qui rouillent dans le port à ne jamais risquer une voile dehors.

Je connais des bateaux qui s'en vont deux par deux affronter le gros temps quand l'orage est sur eux.

Je connais des bateaux qui s'égratignent un peu sur les routes océanes où les mènent leurs jeux.

Je connais des bateaux qui oublient de partir, ils ont peur de la mer à force de vieillir et les vagues jamais ne les ont séparés, leur voyage est fini avant de commencer. »

Lecture faite le vendredi 11 juin 1993 en l'église de Lanester, par un ami en mémoire du second maître Bengloan.

Stéphane B. et Éric L.

Les sports de combat font partie intégrante de l'entraînement des commandos car certaines missions exigent parfois du corps-à-corps.

4
HÉRITAGES DES ANCIENS COMMANDOS

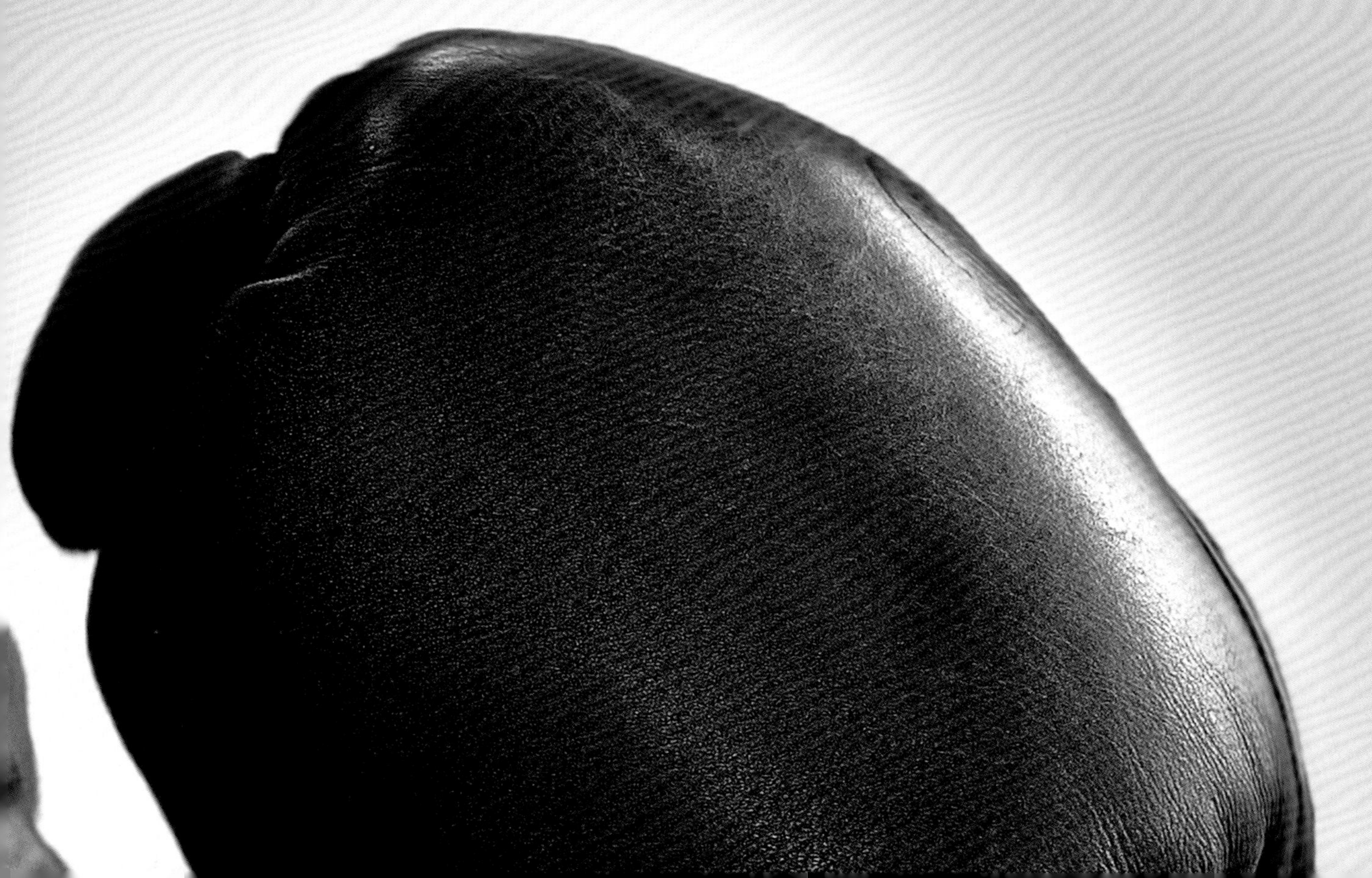

À JAMAIS LES PREMIERS

Quand il quitte la Marine nationale française, à 22 ans, Léon Gautier a servi cinq ans, cinq mois et dix-neuf jours. Il s'est d'abord engagé en 1940 comme canonnier sur le cuirassé *Courbet*, avec lequel il rejoint les Forces de la France libre, puis a été fusilier marin pour le sous-marin *Surcouf* avant de rejoindre l'Angleterre. Après avoir passé le redouté stage des commandos anglais à Achnacarry, il intègre la Troop 8 au sein du 1er bataillon de fusiliers marins commandos, unité française du commandant Kieffer. Au petit matin du 6 juin 1944, il débarquait à Colleville-sur-Orne avec 176 camarades.

« La liberté est l'héritage de nos ancêtres et, pour cela, continuez à aimer la France. »

Durant soixante-dix-huit jours et soixante-dix-huit nuits, ils se battent en première ligne jusqu'à atteindre Saint-Maclou dans l'Eure où leur campagne de Normandie s'achève. Ils ne sont alors plus que vingt-quatre hommes du commando, les autres ayant été blessés, évacués ou tués.

Rapatrié en Angleterre, où il apprend la libération de sa terre natale, Léon Gautier rentre finalement en France avec sa fiancée Dorothy, rencontrée outre-Manche. Là, malgré les glorieux faits d'armes du commando Kieffer, ils ne sont pas aussi bien accueillis qu'ils l'auraient espéré. Dans la Marine, jalousé par des hommes qui ne pouvaient pas arborer la croix de Lorraine faute d'avoir libéré la France, le jeune Léon Gautier peine à se faire une place.

Abandonné par l'Armée française qui peine à reconnaître ces Français s'étant battus avec les Britanniques, Léon, accompagné de sa femme, quitte la terre d'où il a repoussé l'occupant allemand.

De retour en Angleterre, la société anglaise l'accueille comme tout autre vétéran du *D-Day*. Mais, comme pour beaucoup d'hommes du commando Kieffer, le retour à la vie civile est dur. L'entraînement agressif qu'il a enduré, la rigueur et la discipline du commando, les combats de la Libération ont durci son caractère. Léon reprend son activité d'avant-guerre dans une carrosserie qu'il quitte quelques années plus tard après avoir été chef d'atelier.

Le couple part s'installer en Afrique où Léon Gautier travaille pour la Compagnie française de l'Afrique occidentale.

L'État commence à s'intéresser à Léon et ses camarades de la Libération dans les années 1980. Le couple Gautier décide de continuer sa retraite à Ouistreham, proche des lieux de commémoration où il doit se rendre régulièrement. Près de l'endroit où il a débarqué, Léon devient restaurateur du musée du N° 4 Commando.

Chevalier, officier, commandeur puis grand officier de Légion d'honneur, il honore son devoir de mémoire. Lors de ses témoignages dans les écoles et conférences, accompagné parfois de Johannes Borner, un parachutiste allemand fait prisonnier lors de la bataille de Normandie et avec qui il s'est lié d'amitié, il livre un message de paix et de liberté aux jeunes générations. Ensemble, avec cet ami devenu son voisin en Normandie, ils affichent publiquement leur amitié, signe d'une Europe de paix. « La liberté est l'héritage de nos ancêtres et, pour cela, continuez à aimer la France », disait-il.

Léon Gautier est mort le 3 juillet 2023, à Caen. Il était le dernier survivant des 177 commandos Kieffer à avoir débarqué sur les plages de Normandie. Il avait 100 ans.

L'OBJECTIF, LA LIBÉRATION DU PAYS

En 1941, depuis Londres, le lieutenant de vaisseau Philippe Kieffer rêve d'une unité composée de Français qui serait capable de mener des opérations derrière les lignes ennemies en France occupée. Il lui faut un an pour convaincre les autorités françaises et anglaises de l'intérêt de son projet et parvient à réunir soixante volontaires français de 16 à 38 ans. Abbé ou fils d'industriel, venus de Bretagne ou d'Algérie, peu importe. Ils ont un objectif commun, libérer leur pays.

Pour cela, Kieffer négocie avec les Britanniques qu'ils leur ouvrent les portes du camp d'entraînement des commandos anglais dont les méthodes l'ont beaucoup impressionné. Là, à Achnacarry, en Écosse, les Français apprennent les rudiments des opérations amphibies, à s'infiltrer en silence au plus proche de l'ennemi, à tuer au couteau, à manier les explosifs. Les parcours d'obstacles sont quotidiens et les marches vont jusqu'à l'évanouissement pour certains. Au fur et à mesure des années, le groupe s'agrandit et s'aguerrit au fil de raids contre l'ennemi. Si bien que le 1er bataillon de fusiliers marins commandos (BFMC) est intégré au n° 4 de la brigade des forces spéciales britannique et a l'honneur de débarquer le premier en France le Jour J.

Le 5 juin 1944, à 17 h 30, Kieffer et ses 177 hommes partent de la rivière de Hamble, près de Portsmouth, en direction des plages de Normandie. Gardés secrets jusqu'au bout, les plans du débarquement sont étudiés durant la navigation, le matériel est peaufiné et Kieffer donne ses dernières instructions vers 4 heures du matin. Les premiers échanges d'artillerie ont lieu. Les canons des cuirassés britanniques crachent leur ferraille tandis qu'à bâbord de la barge des commandos français un torpilleur polonais touché coule.

La barge s'arrête net sur le sable. Un éclat d'obus arrache la passerelle et Kieffer donne immédiatement l'ordre à ses hommes de sauter à la mer. Chargés de 35 kg de matériel, certains hommes n'ont pas pied mais tous réussissent à toucher le sable normand de la plage de Sword tant bien que mal. Le commandant du 1er BFMC a donné l'ordre de ne pas engager les combats sur la plage, ils la traversent donc tous ensemble au pas de course pour se reformer dans une vieille colonie de vacances où ils se sont donné rendez-vous. Kieffer constate malheureusement que le nombre de ses hommes a déjà diminué.

« Chargés de 35 kg de matériel, certains hommes n'ont pas pied mais tous réussissent à toucher le sable normand de la plage de Sword. »

Les hommes du 1er BFMC s'emparent ensuite d'une pièce d'artillerie allemande afin de rester à couvert des feux. L'ordre de mener l'assaut pour atteindre le casino de la Riva-Bella de Ouistreham est donné. La bataille pour le village est violente, et les hommes font très peu de prisonniers. À midi, Ouistreham est aux mains des commandos.

Kieffer réunit et réorganise ses troupes afin d'entamer la seconde mission. Les commandos doivent faire la jonction avec les parachutistes britanniques de la 6e division aéroportée sur le pont de *Pegasus Bridge*, aux alentours de Bénouville. Les Britanniques, en proie au feu allemand, attendent impatiemment les Français pour faire la jonction et quitter les lieux.

Les commandos français arrivent près du pont, encerclé par les snipers allemands. À coup de fumigènes, le 1er BFMC passe le pont avec les Anglais et prend la direction d'Amfreville où ils arrivent à 20 heures sur la butte du Plain pour renforcer les troupes britanniques. Ce jour-là, Kieffer perd un quart de ses hommes. Ils combattront en première ligne en Normandie jusqu'au 27 août.

COMMANDOS MARINE

Le chef de groupe (à gauche) coordonne les tirs de ses hommes.

« LE SANG DE NOS ENNEMIS EST TOUJOURS LE SANG DES HOMMES, LA VRAIE GLOIRE EST DE L'ÉPARGNER »

Devise du groupe de Contre-terrorisme et de libération d'otage (CTLO) des commandos Marine.

Ce sont les mots prononcés par Louis XV à son fils lors de la bataille de Fontenoy du 11 mai 1745 lorsque celui-ci manifesta sa joie à l'évocation des combats qui eurent lieu au matin. Ils résonnent aujourd'hui comme un véritable mantra pour les hommes du groupe spécialisé dans le contre-terrorisme et la libération d'otage.

L'entraînement exigeant et quotidien de ses membres vise à préparer le groupe à faire face à tous types de menaces et à y répondre de façon proportionnée. Souvent confrontés au caractère imminent de ces dernières, les membres du CTLO sont cependant amenés à respecter leur ligne de conduite et les valeurs s'y attachant. Ainsi, si la décision de faire feu est prise de façon immédiate et instantanée, elle reste toujours prise en pleine conscience, préserver la vie et protéger ses camarades demeurant la priorité absolue.

INTERVENTION
COMMANDOS MARINE

Les chants de marins rappellent les histoires des anciens pour donner du courage. Chez les commandos Marine, la cornemuse anglo-saxonne trouve son origine en Écosse où les 177 hommes du commandant Kieffer ont été formés. Bill Millin, un homme de la 1re brigade spéciale de Lord Lovat, aux côtés de laquelle les commandos Marine débarquent, joue même de l'instrument en sautant à la mer sur les côtes de Normandie le 6 juin 1944.

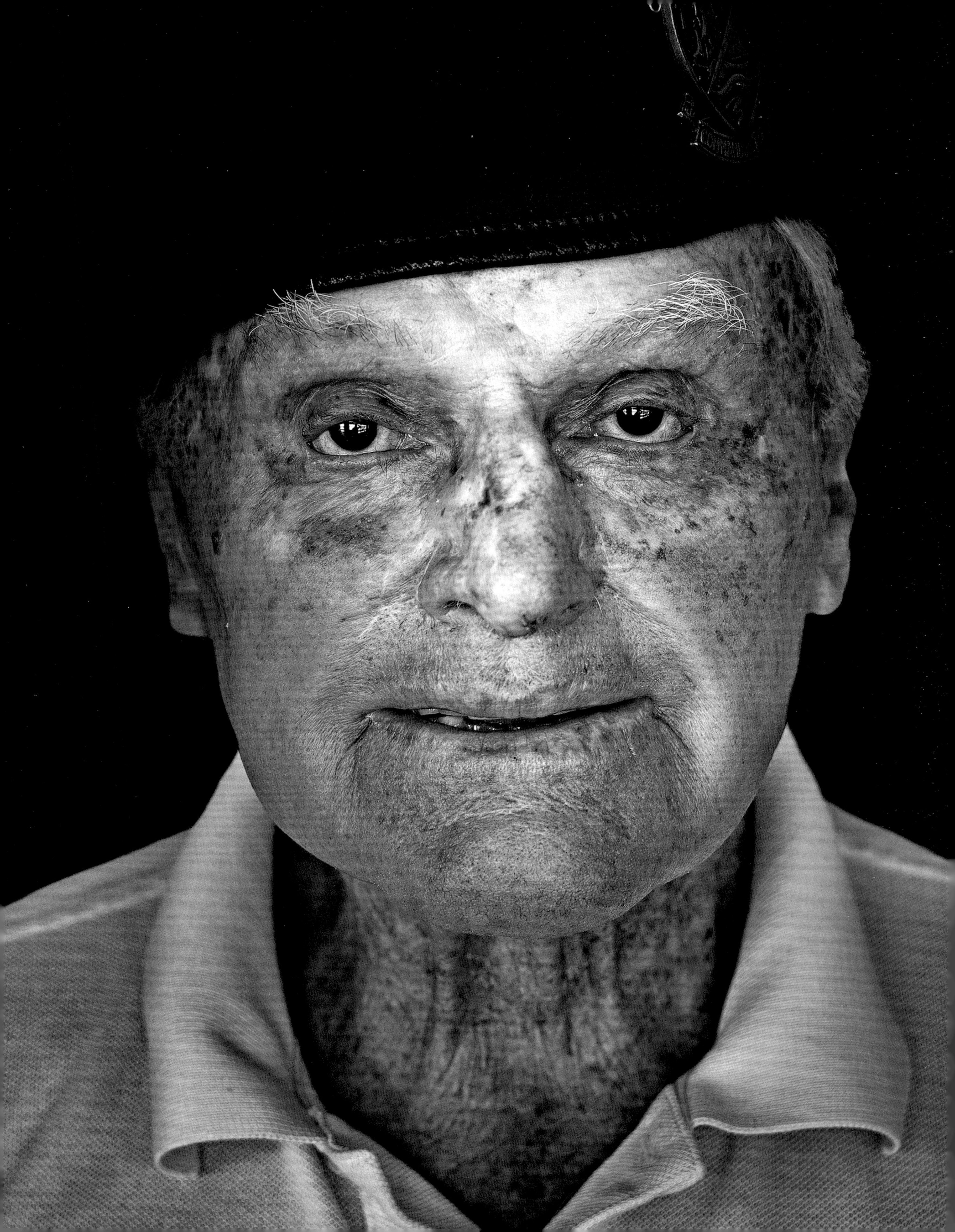

RESCAPÉ DES CAMPS VIETS

Sur le parvis de l'église, dans la nuit de Ninh Binh, pressentant une rude nuit de combats, j'avais parié avec mes camarades que nous n'aurions pas de petit déjeuner au matin. Mais quand les Viets nous attaquèrent, rien ne me laissait supposer que je gagnerais aussi mon pari pour tous les matins de l'année suivante.

Ce matin du 28 mai, après une longue nuit de bataille, mes camarades et moi tombons aux mains du Viet-Cong. En contrebas de la route où nous sommes détenus avec treize hommes, seize commandos Marine sont fusillés. De là-haut nous les voyons l'un après l'autre tomber dans la rivière sombre, au rythme du cri de l'officier auquel répond la salve de feu.

« Pieds nus, les mains liées par des câbles électriques, nous marchons comme des bêtes, jour et nuit, sans savoir quand cela s'arrêtera. »

Notre calvaire commence. Pieds nus, les mains liées par des câbles électriques, nous marchons comme des bêtes, jour et nuit, sans savoir quand cela s'arrêtera. Blessés par les Viets lors des rudes affrontements autour de l'église, certains des hommes du commando souffrent le martyre. Un de mes camarades qui s'était vaillamment battu progresse devant moi lentement, l'arrière de son pantalon maculé du sang qu'une méchante balle fait jaillir de sa fesse. Heureusement pour lui, il n'a jamais atteint le camp de détention. Un de mes amis se plaint de son œil qui lui arrache des gémissements de douleur. Un éclat lui a ôté la vue du côté droit. Un jeune Vietnamien étudiant en médecine lui propose de le soigner avant que cela empire dans cet air humide de diable. Sous la garde de quelques soldats du Viet-Cong, il se fait énucléer son œil à vif, sans anesthésie. Le groupe continue d'avancer sans lui. L'opération chirurgicale de fortune terminée, il lui faut rattraper en un temps record les cent cinquante kilomètres qui nous séparent.

Les pieds ensanglantés par les milliers de petits morceaux de silex sur lesquels nous marchons sans chaussures, nous franchissons près de quatre cents kilomètres en trois jours. Parfois, des avions alliés mitraillent notre misérable colonne, nous prenant pour des ennemis. Les rafales nous passent à côté sans nous toucher.

Nos silhouettes courbées par la fatigue du voyage, les têtes plus basses que nos dos pliés, les bras sans force et les poignets en sang, nous arrivons de nuit. Les remparts sont faits d'énormes bambous. Haute de trois mètres, cette enceinte végétale est notre prison. Les portes s'ouvrent, nos yeux apeurés habitués à l'obscurité s'écarquillent de peur. La première image qui nous est donnée à voir est celle d'un homme, pieds et mains ligotés à un poteau planté au milieu du camp, le corps lacéré et couvert de sang. Nous apprenons plus tard qu'il a écopé d'une volée de deux cents coups de bâton pour mauvais comportement.

Les jours passent bien lentement, les sanctions corporelles sont quotidiennes et nos bourreaux rivalisent d'inventivité dans les sévices qu'ils infligent. Au « Club Med », comme nous aimons à appeler le camp, pour voir un sourire se dessiner sur le visage des copains, nous passons nos journées à récolter le précieux riz qui est ensuite partagé entre nous. Le moindre grain a son importance, c'est notre seule source de nourriture.

Sous nos petites nattes de bambou posées à même le sol et d'où nos pieds dépassent, la nuit donne aux insectes des instincts voraces. Seuls les plus chanceux qui réussissent à trouver des feuilles de bananier arrivent à s'en protéger. Les bêtes volantes qui nous assaillent dès que le jour tombe sont porteuses de maladies dont certains de mes camarades périssent.

Un matin nous apprenons qu'un camarade s'est échappé. Quelques heures plus tard, il est ramené au camp par des villageois des alentours, en échange d'une belle récompense. Il sert d'exemple et après avoir pris des centaines de coups de bâtons sur les tibias, il est immolé publiquement par le feu dans des cris d'une atroce souffrance. Nous ne sommes pas seulement prisonniers des remparts de bambou, nous le sommes aussi de notre couleur que tout le monde remarque dans ces contrées.

J'ai compté les jours, trois cent soixante-cinq sont déjà passés. Demain, la France échange cent de ses prisonniers vietnamiens contre trente Français. J'en fais partie avec mes camarades du commando François. Des quatorze prisonniers que nous étions à Ninh Binh, nous sommes cinq à en réchapper. À la sortie du camp, une vieille femme très bien habillée m'apporte un grand bol de riz, « en l'honneur de son fils », m'a-t-elle dit. Je n'ai jamais bien compris mais j'ai su apprécier la douceur de chacun des grains au goût de liberté.

Je pèse alors 45 kg, les matelas me sont inconfortables tant ils sont mous et le retour à la vie normale n'est pas simple.

Aujourd'hui encore je passe mes nuits dans cette prison, avec mes camarades. Je les revois, maigres, dénudés, carcasses vivantes, errant dans une immense cage de bambous.

ARRI N'A RIEN LÂCHÉ

Faire preuve de résilience, c'est être capable de rebondir et de se reconstruire après un moment difficile. Se dépasser, s'accrocher, ne jamais baisser les bras.

Je suis en binôme depuis un moment avec Jean-Marie Arrizurieta alias Arri. Les exercices de PROAT – projets d'attaques – sur Toulon ont commencé: deux cibles nous sont attribuées dans le port militaire. Deux charges doivent donc être posées. Une fois l'attaque terminée, il faudra s'exfiltrer vers la vigie de Pipady. Là-bas, la vedette des instructeurs nous récupérera dans un créneau imparti. Arri doit commencer la première partie de l'attaque. Une fois sa charge posée, je dois prendre la planchette sur le chemin du retour. Du moins c'est ce qui est prévu au briefing.

Ce soir Arri est malade, son visage est livide. Mais nous en faisons abstraction et nous nous immergeons dans la mer en silence. Durant le cap d'approche lointaine, sa cadence n'est pas au métronome*. Mes propres doubles coups de palmes, que je compte, me le confirment: mon binôme n'est pas au meilleur de sa forme et il subit.

Quand on arrive sur les quais Milhaud, la partie de billard commence. Quelque chose ne va pas, on n'est pas au bon endroit. On a probablement été trop lents. Au-dessus de nos têtes, une cible, mais impossible de l'identifier. Les détails sous coque ne correspondent à rien. Arri va appliquer une baïonnette – un contournement de 90° dans un sens, de 90° dans l'autre et un dernier dans le premier sens – pour se recaler, lorsqu'il me fait un signe de la main: il ne va pas bien. Dans l'obscurité, je colle mon *squale** contre le sien pour voir ses yeux qui expriment de la souffrance. Soudain, il se débranche, vomit en pleine eau puis se rebranche avant de me passer la planchette qui comprend notamment le compas. Je vais devoir prendre la suite. Jean-Marie fait une lunette* avec sa montre sous la coque et me demande de continuer. Je prends un cap qui nous ramène sous le quai Milhaud en face de la cible sous laquelle nous étions. Arri s'appuie sur mon épaule. Je m'inquiète, je ralentis la cadence. Il fait une hypercapnie*, j'en suis sûr. Si c'est le cas, notre attaque est compromise.

En sécurité sous le Milhaud, il fait une seconde lunette. Je le rassure, lui fait signe qu'on va prendre notre temps et lui signifie que je dois faire surface, à l'abri des regards. Bien que ce soit interdit, c'est pour moi nécessaire afin de repartir sur des bases saines. J'entame une remontée discrète sous le ponton de béton afin d'identifier le navire de l'autre côté du Milhaud. Au moment où je crève la surface, un éclat de lampe m'éblouit et la voix d'un instructeur éclate: « Tu cherches quelque chose, Fouch ? » Putain, Dallerac était en stand-by sous le Milhaud dans un zodiac suiveur. Je disparais aussitôt mais j'ai l'info que je voulais. Ma montre indique que nous avons déjà plus d'une heure trente de plongée et il faut encore poser les deux charges puis rentrer. Il ne faut pas traîner!

Arri me fait signe que ça va un peu mieux. Nous repartons, mais rapidement il se met de nouveau en drapeau derrière moi. Je lui fais signe de passer au-dessus, je vais le tracter en essayant de garder la cadence, pour éviter de se perdre de nouveau. Sous la bonne cible cette fois, Jean-Marie fait une autre lunette, puis une seconde. Ce n'est pas bon signe, il se rince pour éliminer l'excès de CO_2, il souffre beaucoup. La fréquence des lunettes ne trompe pas. Nous continuons, passons au second bateau pour poser la dernière charge. C'est déjà ça de gagné. Maintenant, quitter le port et vite.

« Soudain, il se débranche, vomit en pleine eau puis se rebranche avant de me passer la planchette. Je vais devoir prendre la suite. »

On repart dans la direction de la vigie de Pipady. C'est un cap direct de plus de trente minutes, alors je réduis l'allure pour préserver au maximum mon binôme, car dans tous les cas on ira s'écraser dans la digue, notre ligne d'arrêt. Jean-Marie continue à faire des lunettes de plus en plus rapprochées. Il sait qu'il est en train de vider sa bouteille mais recule au maximum l'échéance fatidique où il devra faire surface, suffisamment pour nous permettre au moins de sortir de la zone portuaire. Désormais nous savons tous deux qu'on ne finira pas la plongée. Dans le cap, assez loin des lumières du port, Arri me fait finalement signe qu'il n'a plus de gaz. On fait surface, il se débranche, exténué, passe son filet de camouflage, se met en mode natation tactique*. Je constate que nous ne sommes qu'à deux cents ou trois cents mètres des Milhaud. Il fait suffisamment noir pour ne pas être repérés, mais on est loin d'être en sécurité. À tout instant, un zodiac suiveur peut surgir. Je pourrais poursuivre sous l'eau, mais la cadence, dans cette situation, est difficile à tenir pour celui qui est en surface. Alors je me débranche à mon tour avant de décider de bifurquer au plus court sur la digue du Mourillon et de la longer en natation tactique pour rejoindre la vigie de Pipady. Ce n'est pas la solution la plus rapide mais certainement la plus discrète.

Nous arrivons sur la digue du Mourillon, rincés, mais nos charges sont posées. Mission réussie.

Arri n'a rien lâché, il a tenu bon, suffisamment longtemps pour que nous soyons à l'abri des vues et que notre attaque soit un succès. Se dépasser, s'accrocher, ne jamais baisser les bras. Faire preuve de résilience.

En hommage à Arri.

RAIDERS

La promiscuité et la vie commune
pendant les longs mois d'opération
rendent nécessaire la cohésion du groupe.

DES CENTAINES DE CADAVRES JONCHAIENT LE SOL

Je m'appelle Yves Leroux. Je suis entré dans la Marine en septembre 1975 après être passé par l'École des mousses. Après trente-sept ans de service, j'ai terminé ma carrière avec le grade de maître principal.

Affecté au commando Trépel en avril 1993, je suis chef de section à la 2. En 1994, les commandos Marine sont d'alerte pour le Rwanda. Le commando Penfentenyo cède la garde de l'alerte en milieu de semaine et nous prenons la suite. À l'époque il n'y a pas de portables et nous devons appeler toutes les trois heures. Le samedi je suis invité au mariage d'un de mes anciens gradés de l'élément léger d'intervention spécialisé. Le soir, après la cérémonie, je me rends au *Pacific* pour passer mon coup de téléphone habituel et j'apprends que Trépel est sur le point de partir. Je remonte dans ma Golf fushia. Tout le monde est déjà dans le bus quand j'arrive au commando. Je monte le dernier dans le bus, les trois quarts des gars ont un bon coup dans le nez. Après un long voyage nous arrivons à Istres pour embarquer dans un Antonov, direction le Congo.

Nous sommes quarante-cinq hommes de Trépel, douze Peugeot P4, deux véhicules légers de reconnaissance et d'appui (VLRA). Partis de Goma, nous rejoignons le Rwanda et notre route traverse des villages où les foules nous accueillent comme des sauveurs. Mélange de fierté et de stupéfaction. Les Hutus massacrent les Tutsis, on nous avait d'abord dit l'inverse. Aussi le désenchantement est palpable chez les gars quand on apprend que les terres sur lesquelles nous nous trouvons sont Hutus.

Nous arrivons enfin à Bisesero. La première image d'un homme sans mollet est choquante. JP, l'infirmier, lui fait un bandage et au bout de cinq minutes ils sont dix Tutsis, puis vingt, puis cent. Hagards, certains nous racontent les massacres perpétrés par les Hutus. Un homme nous guide ensuite dans le fond de la vallée où des centaines de cadavres d'hommes, de femmes et d'enfants jonchent le sol. Le spectacle d'une adolescente au crâne ouvert nous décide à remonter la colline.

Les survivants embarquent dans des hélicoptères Puma, laissant derrière eux des tas d'arcs, de flèches, de lances, sagaies, machettes et casse-têtes inoffensifs en face de kalachnikovs.

Notre camp est ensuite établi à Kaduha, près du lac Kivu, un village où ont été massacrés près d'un millier de Tutsis. Un matin, le Pacha m'envoie récupérer à quelques kilomètres de là une institutrice et ses quatre élèves, aux mains de tortionnaires hutus. Partis à quatre, Miche, Laurent, Vincent et moi, nous les exfiltrons dans une caisse en bois. La libération opérée, la femme nous raconte qu'elle a croupi dans un trou des semaines entières à la suite du massacre de ses parents.

« Le Rwanda nous a appris que nous pouvions aussi aider les plus faibles et sauver des vies. »

Quelques jours plus tard, le commando est appelé pour sortir sept cents enfants de la province de Butare et les emmener au Burundi. Une vingtaine de bus japonais sont réquisitionnés et nous posons les enfants et leurs encadrants à la frontière. Jamais nous n'avons su ce qu'ils sont devenus.

La mission se termine à Goma au Congo où le choléra fait rage. S'ajoutent aux images de cadavres, de sang, de détresse du Rwanda, celles des camion-bennes qui ramassent les carcasses sur le bord de la route et dans les rues de la ville.

Ces deux mois au Rwanda nous ont marqués, tous les hommes de Trépel en sont d'accord. Avant cette mission, notre métier consistait à éliminer des cibles, traquer des hommes pour leurs méfaits. Le Rwanda nous a appris que nous pouvions aussi aider les plus faibles et sauver des vies.

COMMANDOS MARINE

DANS L'EAU GLACÉE AVEC UNE BALLE DANS LE POUMON

Rêvant d'être pilote de chasse dans l'armée de l'air française avant l'occupation allemande, Robert Maloubier devient finalement membre du SOE, agent secret au service de Churchill dès 1942. Membre fondateur des services de renseignement français et du Service Action, créateur des nageurs de combat – futurs commandos Hubert et nageurs de combat du Service Action de la DGSE – et incontournable figure française de l'Afrique des années 1970, Bob Maloubier a vécu une vie d'aventures.

Après avoir été durement entraîné par les Anglais au métier d'agent secret durant l'année 1942, Bob Maloubier est parachuté en France en février 1943. Il devient saboteur au sein du réseau Salesman dirigé par le major Staunton, Philippe Liewer de son vrai nom, juif français et ancien journaliste. La neutralisation de l'usine hydroélectrique de Rouen constitue sa première mission, réussie avec brio. Les sabotages s'enchaînent ensuite. Au début de l'hiver 1943, en décembre, Bob Maloubier doit réceptionner un colis de matériel britannique parachuté près d'Elbeuf. Peu avant 23 heures, fonçant dans la nuit froide du Nord sur sa moto, il est arrêté par une patrouille de gendarmes allemands. Les soldats lui demandent de les suivre à la *Kommandantur*. Un gros allemand s'assoit derrière Bob sur la moto, lui plante son fusil mitrailleur dans le dos et le pousse à suivre la Mercedes qui ouvre la voie. Sur la place du village, la voiture continue encore quelques mètres jusqu'au poste de la Wehrmacht. Bob, lui, mime dans un mauvais allemand un problème de freins l'obligeant à s'arrêter plus tôt : « Bremsen nicht gut, Bremsen nicht gut*. » La moto s'arrête sur la place, le gros soldat descend, et se tourne en toute confiance vers ses camarades qui sortent de la Mercedes, une vingtaine de mètres plus loin. Pour Maloubier c'est le moment où jamais. Il pousse sa lourde moto dans les jambes de l'Allemand qui s'effondre de tout son poids, puis traverse la place en courant. Les balles fusent et quatre gendarmes se précipitent à ses trousses.

La course-poursuite est lancée. Bob, avant de quitter la place, prend une balle dans le dos. Le sang emplit ses poumons et il en crache de sa bouche mais le jeune homme de 20 ans ne s'arrête pas pour autant. Une ruelle, puis une autre, et une autre encore. Dans l'obscurité, alors qu'il croit être au bout d'une impasse, Bob s'aperçoit qu'il est au pied de l'arcade d'un pont. Il passe dessous et se retrouve sur un chemin de campagne. Les tirs de balles cessent derrière lui. Ses pas titubants le mènent au bord d'un petit canal, un kilomètre plus loin. L'eau semble peu profonde, il n'y a qu'une dizaine de mètres à traverser. Alors Bob casse la fine couche de glace qui la recouvre et traverse l'eau glacée, immergé jusqu'au cou. De l'autre côté, un champ parsemé de givre. Sans sa formation, il serait allé se dissimuler dans les bosquets et les fourrés avoisinants, mais on lui a appris qu'il valait mieux s'allonger au beau milieu de l'étendue de terre. Dans la nuit il est très difficile de discerner les formes, et la cachette, si c'en est une, est peu instinctive. Alors Maloubier s'allonge. Les gendarmes battent les fourrés, d'où il est, il peut entendre les cris des Allemands et les aboiements des chiens. Il patiente, la tête collée au sol gelé. La technique fait ses preuves, personne ne vient chercher au milieu du champ. Soudain, un bruit de moteur se fait entendre. L'avion pour lequel s'était déplacé Maloubier traverse le ciel, les sirènes sonnent, les cris s'éloignent. Maloubier peut souffler. Agonisant, troué par une balle, se sentant partir, il ferme les yeux. Il dira quelques années plus tard : « À ce moment-là, je suis mort. »

« Ses chances de s'en sortir sont si faibles que ses camarades se préparent déjà à l'inhumer dans un linceul fait de vieux sacs de pommes de terre. »

Il reprend connaissance vers 5 heures du matin, son corps est couvert de glace. Étonné d'être encore en vie, Bob se relève, trouve la voie ferrée avec le peu de forces qu'il lui reste et emprunte la direction de Rouen. Il traverse neuf kilomètres pour enfin arriver chez lui, au milieu de la ville, où sa cousine lui ouvre la porte avant qu'il ne s'écroule sur le pas. Tout de suite le médecin du réseau est prévenu et le soigne à son chevet. Mais ses chances de s'en sortir sont si faibles que ses camarades se préparent déjà à l'inhumer dans un linceul fait de vieux sacs de pommes de terre. La mort ne veut pas de Bob.

Un mois plus tard, il est finalement transféré à Londres à bord d'un petit avion de liaison. Les tractations ont été longues pour lui trouver une place à bord. Là, le médecin du SOE, un Anglais en costume trois pièces, le questionne rapidement sur sa blessure. « L'eau glacée a dû stopper l'hémorragie. » Pas de radio, pas d'examen. « Tout va bien, vous pouvez rentrer chez vous ! »

Six mois après, Bob est de nouveau parachuté en France. Il a gardé, jusqu'à la fin de ses jours, la balle allemande dans son corps.

DÉFIER MES PEURS ET MES DOUTES

Jeune opérateur à peine affecté au prestigieux commando Jaubert, nous sommes envoyés en mission Beryl de protection des infrastructures portuaires et bâtiments porteurs de déchets nucléaires. J'y découvre la composante maritime du métier et, déjà, me confronte aux militants de l'association Greenpeace, que j'ai retrouvés plus tard dans le Pacifique au moment des essais à Mururoa.

Quartier-maître, chef d'équipe, je suis affecté au commando Trépel. Nous partons au Liban en 1983 à la suite de l'attentat de Beyrouth qui a fait cinquante-huit morts chez nos frères parachutistes sur le poste du Drakkar. Les patrouilles dans Beyrouth-Ouest s'enchaînent. Nous allons de point chaud en point chaud au milieu de différentes factions agressives et partis musulmans réfractaires, afin de servir de tampon. Souvent pris à partie lors de petites embuscades, il est difficile de savoir qui est l'agresseur.

Dans notre camp, au port, nous sommes régulièrement bombardés – tous les deux jours – depuis la montagne du Chouf. Les obus de 155 mm et les roquettes Grad de 122 mm tombent à une vingtaine de mètres de nos tentes protégées par des sacs de sable. Dans le tonnerre assourdissant, le métal en fusion creuse des cratères gigantesques dans le sol. Dès les premières salves nous courons dans des abris en dur. Au fil des jours la routine s'installe et, par accoutumance au feu et l'aguerrissement aidant, nos réactions aux pluies d'obus deviennent plus mesurées et moins précipitées.

Quelques années plus tard, alors chef de groupe et expert dans le contre-terrorisme maritime du prestigieux commando Hubert, nous effectuons une mission de récupération de VIP, trois généraux étrangers mis sous protection de la France à extrader depuis une plage. La préparation est réalisée avec soin dans un *timing* serré. Vérification et essai du matériel. Les embarcations rapides commandos sont descendues au milieu des eaux internationales. Par une mer 3 ou 4, sans feu pour nous diriger, appuyés d'un GPS, nous naviguons au cap et au temps dans nos petites embarcations d'une douzaine de pieds, gréées pour pallier n'importe quelle situation. À bord, l'armement sélectionné est hétéroclite et adapté pour les coups durs. Constamment, nous communiquons avec les autorités sous canal chiffré. L'entrée de la zone de récupération est difficile à trouver dans la nuit noire. Les jumelles de vision nocturne nous permettent de localiser finalement le marquage, nous sommes au bon endroit. Les gars prennent la plage et les VIP sont sécurisés. Sans avoir eu à utiliser nos armes en dépit du risque élevé, nous nous exfiltrons en vitesse. Lors de la traversée retour, notre GPS tombé en panne nous oblige à naviguer à l'estime. Le protocole de rendez-vous s'effectue au petit jour entre chien et loup pour que le personnel soit transféré sur le bâtiment. Mission effectuée dans les règles de l'art, sans cas non conforme. Les plus belles missions sont celles où on ne tire pas. Celle-ci sert aujourd'hui de référence dans le milieu des forces spéciales étrangères. L'un des généraux est actuellement président de son pays.

« Les plus belles missions sont celles où on ne tire pas. »

Élément léger d'intervention spécialisé, groupe de combat en milieu clos, ces groupes spécialisés sont à l'origine des groupes de contre-terrorisme et libération d'otages actuels. J'y ai appartenu. Les entraînements spécifiques et missions en Bosnie, au Kosovo, en Albanie se sont succédé. Cette période nous a permis de réaliser un travail de longue haleine pour améliorer le matériel de franchissement, mettre au point des techniques d'investigation, de chute opérationnelle. Ces techniques servent encore et certaines missions effectuées aujourd'hui s'appuient dessus.

J'avais rejoint les commandos Marine pour grandir, défier mes peurs et mes doutes. Père de famille, j'ai régulièrement laissé les miens quand je partais sur des théâtres opérationnels, j'ai souvent manqué la fête de Noël ou de Pâques, les naissances même. Mais j'ai servi avec honneur l'Institution, sur terre, sur mer, dans les situations pénibles et périlleuses où l'on jugeait ma présence nécessaire.

Aujourd'hui je sers comme réserviste, toujours prêt à repartir. Je fais partie d'un monde particulier, de la communauté des forces spéciales, forte, efficace et puissante. Je suis fier de mon parcours.

Commandos Marine, je suis maintenant un vétéran.

ARRAISONNEMENT D'UN NAVIRE DE PÊCHE ILLÉGAL

Au cours de l'année 1990, les relations entre la France et l'Espagne se tendent. En dépit de l'accord de l'Espagne de réduire le nombre de navires qui pêchent dans les eaux communautaires aux ressources halieutiques, beaucoup continuent à y pêcher. La France y met donc en place des moyens permanents de surveillance aérienne et maritime.

Le 5 août, une flotte de chalutiers espagnols est repérée. Sans répondre aux injonctions des autorités françaises, ils poursuivent leur pêche illégale. Sur ordre du ministre de la Défense et du ministre délégué à la Pêche, le préfet maritime de Brest déclenche l'opération « Merlu ».

J'ai la tête dans les préparatifs de mon mariage, le commandant m'a changé d'escouade pour éviter mon départ en mission. Mais c'est raté, mon groupe est sur l'alerte Merlu.

Le 6 août, en fin d'après-midi, nous embarquons à Brest sur l'aviso escorteur *Jean-Moulin* avec notre matériel. Cap vers le golfe de Gascogne escorté par le *Malabar*.

Au matin du 7 août nous arrivons dans la zone d'intérêt sans nous dévoiler. Les chalutiers espagnols en pêche sont sous la surveillance d'un Breguet Atlantic qui les survole. La météo est clémente mais elle se dégrade progressivement. Lors du briefing, le *Monte Allen* est donné pour cible prioritaire. Multirécidiviste, coutumier des infractions de pêche – pêche sans licence, maillage non réglementaire, poisson sous taille réglementaire –, il est probable qu'il reste sourd à nos injonctions.

En dépit d'une mer formée et d'un fort vent, les autorités nous donnent le vert action à 13h30. Nos deux zodiacs sont mis à l'eau et nous fonçons vers l'armada ibérique qui, comme prévu, a gardé le silence radio et cherche à s'enfuir à la vue des navires français. Les moteurs vrombissent, et en quelques minutes nous avons rejoint la flotte. Nous nous faufilons difficilement entre les chalutiers qui se sont regroupés en formation serrée autour du *Monte Allen*. Au milieu de tous, nous apercevons les flancs blancs distinctifs de la cible. Des filets munis d'hameçons et des pics défendent la coque d'une approche trop brutale. Comme seule réponse à nos demandes nous recevons des volées de manilles, de clous et de boulons. Deux heures durant les pilotes s'appuient sur la mécanique fiable de nos embarcations pour éviter les pièges destinés à nous coincer à coups de changements de direction ou nous éperonner. Un seul blessé à la tête est à déplorer.

Puis nous recevons l'ordre d'ouvrir le feu avec des cartouches à létalité réduite. Les affrontements tournent à notre avantage, et quatre des chalutiers espagnols rompent et abandonnent le dispositif.

Après avoir paré quelques nouvelles manœuvres hostiles, notre zodiac atteint le côté bâbord du *Monte Allen*. Le haut du plat-bord est aspergé de gaz incapacitant, l'échelle rigide est mise en place.

« Un dernier coup à la tête finit de m'étourdir, mon bras se ramollit, mon champ de vision s'embrume, je me sens partir en arrière. Puis plus rien. »

Mon masque à gaz enfilé, premier grimpeur, je m'élance suivi d'un camarade, sous les tirs d'appui du second zodiac. Au sommet de l'échelle, ma gauche sur le plat-bord, je me retrouve nez à nez avec trois marins espagnols qui surgissent d'un coup. J'essaie de basculer à l'intérieur mais je suis repoussé. Les coups pleuvent, j'essaie d'en mettre mais je n'ai qu'une seule main pour me défendre et rendre la pareille. Dans l'action, j'aperçois mon camarade tomber. Il se réceptionne sur le pilote qui décélère sous l'impact du choc et le zodiac s'éloigne. Un dernier coup à la tête finit de m'étourdir, mon bras se ramollit, mon champ de vision s'embrume, je me sens partir en arrière. Puis plus rien.

Lorsque je reprends mes esprits, je suis dans le zodiac, les gars sont penchés au-dessus de moi. Tout va bien, on se réorganise pour le deuxième assaut. Et cette fois c'est le bon, le *Monte Allen* est maîtrisé en quelques minutes.

Cinq heures de raid d'effort, quatorze blessés espagnols, dont une évacuation par hélicoptère, et trois blessés légers de notre côté. À la position 045° 58' N et 002° 29' W, le chalutier est sous contrôle dans la juridiction française de la zone économique européenne.

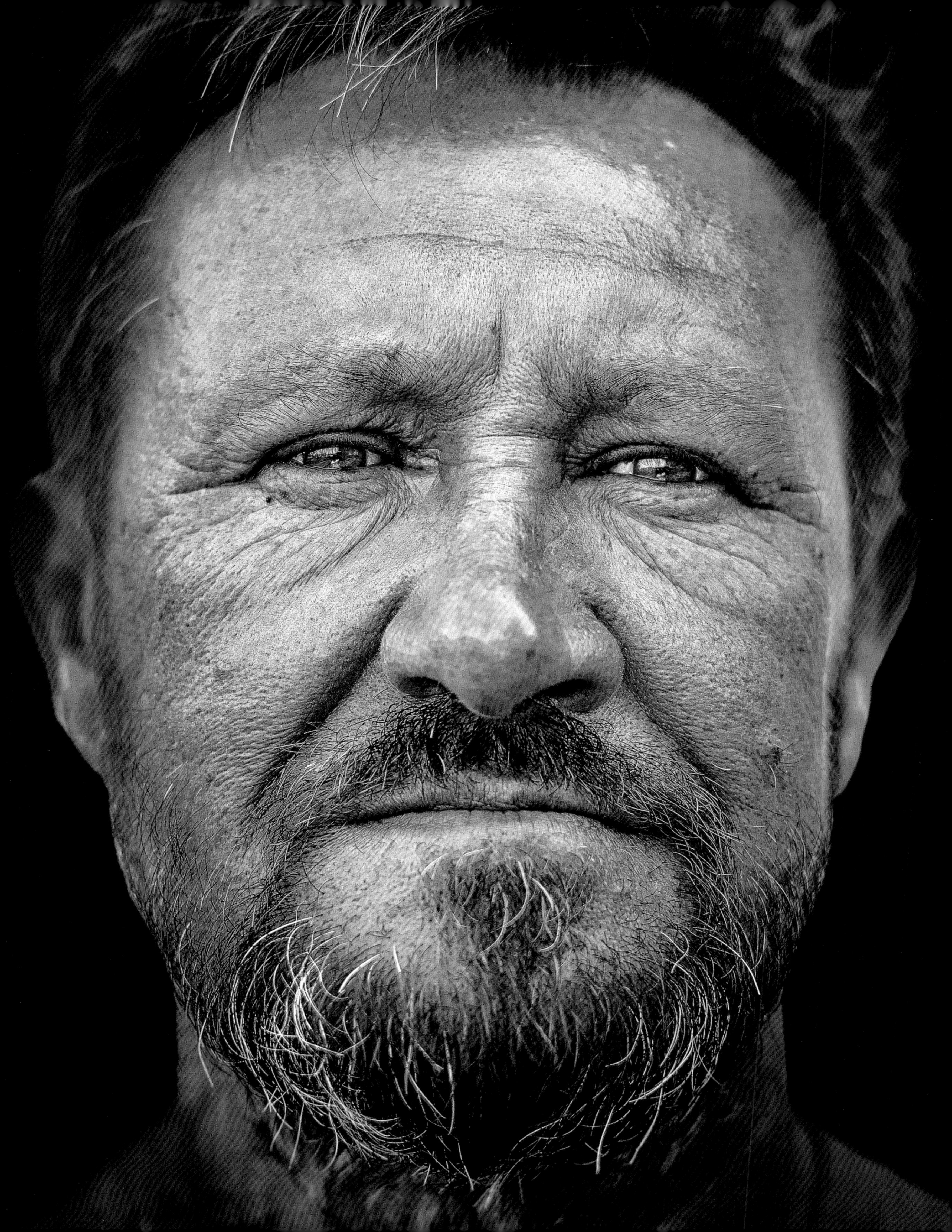

Après le stage commando du brevet élementaire d'opérateur, il existe deux autres stages: celui de chef d'équipe qui permet de prendre la responsabilité de quelques opérateurs; puis, après plusieurs années, celui de chef de groupe qui permet de prendre la tête d'un groupe formé de chefs d'équipes et d'opérateurs.

SEULS POUR PROTÉGER UN VILLAGE

Nous sommes en 1960 quand je fais le choix de m'engager dans l'armée. Mes études d'ingénieur agronome sont terminées et au centre de formation de l'armée je me porte volontaire pour commencer le long parcours de parachutiste dans la Marine nationale.

En 1961, durant la guerre d'Algérie, mes classes de fusilier marin commencent. Les cours ont lieu au centre Siroco situé au cap Matifou, dans la baie d'Alger. Mon cours se nomme « Roland », quartier-maître décédé peu de temps avant lors d'une confrontation avec des fellaghas*. Pendant ces quatre mois de classes, aucun répit ne nous est laissé. Les instructeurs sont durs avec nous. Les marches de plusieurs kilomètres et les parcours du combattant sous une chaleur accablante se succèdent, les journées commencent chaque matin par un entraînement physique intense, les cours théoriques et tactiques exigent de la lucidité et les séances de tir de la concentration. La progression doit être rapide. Car notre rôle ici n'est pas seulement celui d'apprendre, nous avons aussi pour devoir de protéger les villages voisins. Toutes les quarante-huit heures, nous, fusiliers marins, tournons pour garder des postes de combat et menons des patrouilles contre les fellaghas qui tentent d'enrôler des adolescents des villages avoisinant.

Jeunes engagés, nous nous retrouvons seuls à protéger un village, assis dans les postes de combat, arme à la main, prêts à faire feu, sans trouver le sommeil de peur que les fellaghas nous tombent dessus. Pour seule compagnie, un vieux poste qui diffusait la seule chanson « Retiens la nuit » du célèbre chanteur Johnny Hallyday. Un soir pendant son quart, un de mes camarades est tombé nez à nez avec cinq fellaghas. Les « fell » le braquent et lui demandent d'ouvrir la porte du poste. Elle renferme l'antenne satellite qui diffuse les discours de De Gaulle que les fellaghas détruisent en vitesse. Plus tard, un de mes camarades est blessé lors d'une explosion au cours d'une patrouille. La théorie et la pratique de la guerre en si peu de temps...

Voilà le cours terminé. Sans partir en permission, j'intègre les trois semaines intensives d'évaluations commandos que je finis premier du groupe. Sur les marches, comme j'ai de l'avance sur les temps demandés pour la note maximale, je fais souvent demi-tour avant la ligne d'arrivée pour rejoindre mes amis qui me précèdent. Nous partageons des moments intenses, nous connaissons les mêmes efforts douloureux mais nous nous soutenons les uns les autres, nous sommes soudés dans l'adversité, en vrais frères d'armes.

« Ici c'est l'esprit d'équipe que l'on forge, cet esprit qui fait toute la force des commandos Marine. »

Comme de nos jours, les trois semaines terribles d'évaluations laissent place à trois mois de formation au métier de commando Marine et d'instruction au parachutisme.

À Siroco, les parcours sont dangereux. Sur certains, nous devons franchir un BST – un bout tendu au-dessus de la terre – de plusieurs dizaines de mètres de long et à quinze mètres au-dessus du sol, sans assurance. Un jour, mon camarade de derrière « cabane » – tombe, dans le jargon – sur le BST. La chute pourrait être dramatique. Équipé de son fusil mitrailleur et de sa musette*, à bout de souffle et suspendu par les bras à quinze mètres de haut, il peut lâcher à tout instant. Ma décision est vite prise, je fais demi-tour sur le bout et j'atteins mon ami pour le hisser à nouveau sur la corde. Nous finissons ensemble cette épreuve. Ici c'est l'esprit d'équipe que l'on forge, cet esprit qui fait toute la force des commandos Marine.

COMMANDOS MARINE

Après trois semaines d'évaluations et de sélections intenses, le stage commando, dit aussi le « stage du brevet élémentaire », peut commencer. Il permet à de jeunes marins d'être formés au métier de commandos Marine pendant trois mois. Après leurs affectations dans leurs commandos, les hommes continuent à se former inlassablement tout au long de leur carrière.

Le stage BAM (brevet d'aptitude montagne) dure quelques semaines en collaboration avec les chasseurs alpins. C'est l'occasion d'acquérir les rudiments de l'alpinisme.
La polyvalence est la force des commandos Marine, ils doivent être capables d'évoluer partout : air, mer, forêt, désert, jungle, montagne...

5

HISTOIRES INSOLITES AU CŒUR DES FORCES SPÉCIALES

COMMANDOS MARINE

UNE IMPROBABLE RENCONTRE

Jeudi 8 juin 2022. Ma carrière opérationnelle est loin derrière moi. Depuis 2009, je n'ai que des souvenirs et quelques belles semaines de réserve au commando Kieffer. Je suis maintenant plus occupé à restaurer mon gîte qu'à penser aux fougueuses années à Hubert. Et pourtant un incroyable concours de circonstances, une facétie du destin, va me propulser de longues années en arrière.

Ce jour-là, comme tous les jours, je rénove mon gîte. Ma maison est proche du chemin de Saint-Jacques de Compostelle qui passe à peine un kilomètre à l'est, dans la combe en contrebas. Nous croisons rarement des pèlerins devant chez nous, ils préfèrent couper et éviter une côte pentue. Pourtant, l'ancien qui vient de s'arrêter devant la maison m'a tout l'air d'un pèlerin égaré. Sac à dos, bâtons de marche à la main, carte papier dépliée, il scrute du regard les environs à la recherche d'un signe indicateur.

« Les larmes me montent aux yeux. Loin de ce quotidien de nageur de combat qui était le mien des années durant… »

Le voyant chercher son chemin, je m'approche et lui propose mon aide. Il a voulu quitter le chemin caillouteux pour suivre la route, afin d'épargner à sa femme une marche délicate sur un sol inégal. En effet, derrière lui une dame s'approche à petits pas, portant elle aussi un sac sur les épaules. Je leur propose une place à l'ombre le temps de leur donner mes recommandations. Ils acceptent le verre d'eau fraîche que je leur offre, nous le buvons ensemble et je leur explique la route à suivre. La conversation s'égare, très vite nous commençons à discuter. L'homme me précise qu'ils passent la moitié de l'année en France chez leurs enfants, et l'autre moitié à Tahiti où ils convoient des bateaux. À ce moment un doute s'immisce en moi, mais l'idée est tellement fantasque, folle, qu'elle ne s'impose pas à moi.

Un léger doute persiste cependant et je veux le lever. Curieux de leur activité, je leur demande quel type de bateaux ils convoient. « Un peu de tout, mais surtout des voiliers. » Impossible de retenir ma langue : « Vous n'auriez pas convoyé un Super Maramu 2000 par hasard ? – Si, le *Carré d'As* ! Nous avons été pris en otage dessus », me répond la dame.

Le sol se dérobe sous moi, je suis ramené quatorze ans en arrière. La dernière fois que j'ai vu Jean-Yves et Bernadette, ils sortaient du *Carré d'As*, escortés par le groupe du commando Hubert qui avait fait l'assaut du bateau. Fatigué par l'opération que nous avions intensément préparée et par l'assaut mené durant la nuit, j'avais demandé à Jean-Yves de me montrer comment remonter l'ancre afin de ramener le bateau à bon port. C'était le 16 septembre 2008, Jean-Yves et Bernadette Delanne étaient alors retenus depuis quinze jours en otage par des pirates somaliens, attaqués sur leur route entre Tahiti et Tunis. Avec le commando Hubert dont je faisais partie, nous avions été envoyés pour les libérer.

L'émotion me serre le cœur, abasourdi du peu de chance que la vie nous réservait d'un jour nous connaître. Tout était allé très vite sur le bateau, ils avaient été rapidement pris en charge, une fois l'opération terminée notre priorité avait été de ramener le *Carré d'As* et de reconditionner le matériel. Le couple avait été libéré par des hommes sortis du ventre de la nuit, vêtus de noir et cagoulés… anonymes sauveurs que nous étions.

Les larmes me montent aux yeux. Loin de ce quotidien de nageur de combat qui était le mien des années durant, loin des copains du commando, loin des souvenirs grisants des belles années à Hubert, le brusque retour du passé étreint ma poitrine. Les langues se libèrent, et nous parlons, parlons et parlons encore des heures durant.

La Providence les a guidés jusqu'ici pour que nous puissions enfin nous connaître, nous raconter ce que nous avions chacun vécu lors de cette mission qui restera une des plus grandes de ma carrière.

Les hommes du groupe B, mes frères d'armes, mes loups ; ceux qui, me faisant confiance, ont accepté de risquer leur vie en entrant dans un bateau où six pirates armés les attendaient ; ceux-là n'ont peut-être pas eu la chance de recevoir les remerciements chaleureux que m'ont présentés Jean-Yves et Bernadette. Pour réparer cela, je me permets de retranscrire ci-dessous la lettre que ces derniers m'ont envoyée :

« Bien cher Guillaume et Famille,

Depuis cette nuit du 16 septembre 2008 nous n'avons pas cessé de penser aux hommes du commando qui nous ont délivrés et en particulier à l'anonyme qui prit la barre du *Carré d'As* cette nuit-là. Notre reconnaissance sera éternelle et nos remerciements bien insignifiants.

C'est en marchant au plus près de la nature que nous pouvons chaque fois goûter à la Providence… Ce jeudi 8 juin 2022, alors que nous étions sortis du chemin de Saint-Jacques, je m'arrêtais consulter la carte en attendant Bernadette, chemin de la Courounelle, précisément devant ta maison. Merci pour cette rencontre improbable. »

DE COMMANDO MARINE À COUREUR AU GRAND LARGE

Je suis le premier maître Philippe Hartz, skipper du *Figaro Marine nationale – Fondation de la Mer*. Ancien commando Marine et nageur de combat du commando Hubert, me voici désormais à la barre d'un défi sportif sur le circuit professionnel de la Solitaire du Figaro. Je travaille dur pour renouer avec les succès rencontrés en voile légère dans ma jeunesse.

Bien que mes frères d'armes me manquent énormément dans cette vie de coureur au large, je m'y épanouis pleinement.

« Les valeurs de combativité, de rigueur, de respect et d'adaptation dont je me suis imprégné dans l'armée me sont utiles aujourd'hui dans ma vie de skipper. »

Les valeurs de combativité, de rigueur, de respect et d'adaptation dont je me suis imprégné dans l'armée me sont utiles aujourd'hui dans ma vie de skipper. C'est aussi pour hisser au plus haut ces dernières que j'espère briguer un jour les premières places en course au large. Pour le plaisir que j'y éprouve et la fascination que j'en ai, j'espère que l'océan restera toujours l'espace de liberté qu'il est.

MARINE
NATIONALE

UN TANDEM ORIGINAL

Nous sommes au Burkina Faso. Mes affaires sont prêtes pour le saut, ne manque plus qu'à aller plier mon parachute et rendre visite à mon coéquipier : un beau malinois de quatre ans. Quelques jours avant le saut, terriblement excité d'emmener le chien avec moi, je dois prendre contact avec lui pour qu'il s'habitue à mon odeur et ma présence. Accompagné de son maître, je lui apporte quotidiennement ses repas, participe à ses exercices d'entraînement et essaye d'être présent dès qu'il sort du chenil. Il a l'air de m'apprécier de plus en plus, n'a jamais été agressif et me lèche la main quand il me croise. Pour ces chiens dressés au combat dès le plus jeune âge, ces marques d'affection sont notables.

Le jour du saut nous nous retrouvons sur le tarmac, à quelques mètres de l'aéronef. Le chien est déjà équipé, son maître cynotechnicien* l'accompagne jusque dans l'avion et l'installe à mes pieds. Je stresse de peur que le chien ne panique dans cet espace exigu. L'avion décolle et je sens mon coéquipier tressaillir de peur. Je le caresse, lui parle, ça fonctionne.

H-10 minutes, tout le monde se lève et ajuste son équipement. Moi, encore assis, j'accroche puis serre le chien contre moi. Mécontent, il met un coup de muselière et laisse échapper un grognement. Quand je me lève, il ne touche plus le sol et, suspendu, se calme.

La tranche arrière de l'avion s'ouvre, le voyant rouge s'allume. La peur me quitte et mon estomac se dénoue. Le voyant passe au vert, tout le monde sort de l'avion tour à tour, aux ordres du responsable de saut qui cadence le mouvement.

Je saute en dernier. Le vent frappe mon visage, mon champ de vision rétrécit. Contre mon ventre, le chien pourrait grogner, je ne l'entendrais pas.

J'ouvre mon parachute et tout redevient calme. Une fois sous voile, mon regard s'abaisse sur le chien. Il n'a plus sa muselière, elle s'est détachée lors de la chute. La gueule proche de mon bras droit, je crains qu'il ne me morde. Mais, comme tout chien heureux de sortir la tête par la fenêtre de la voiture, il a la langue pendante et contemple la vue à mille huit cents mètres d'altitude.

«Je saute en dernier. Le vent frappe mon visage, mon champ de vision rétrécit. Contre mon ventre, le chien pourrait grogner, je ne l'entendrais pas.»

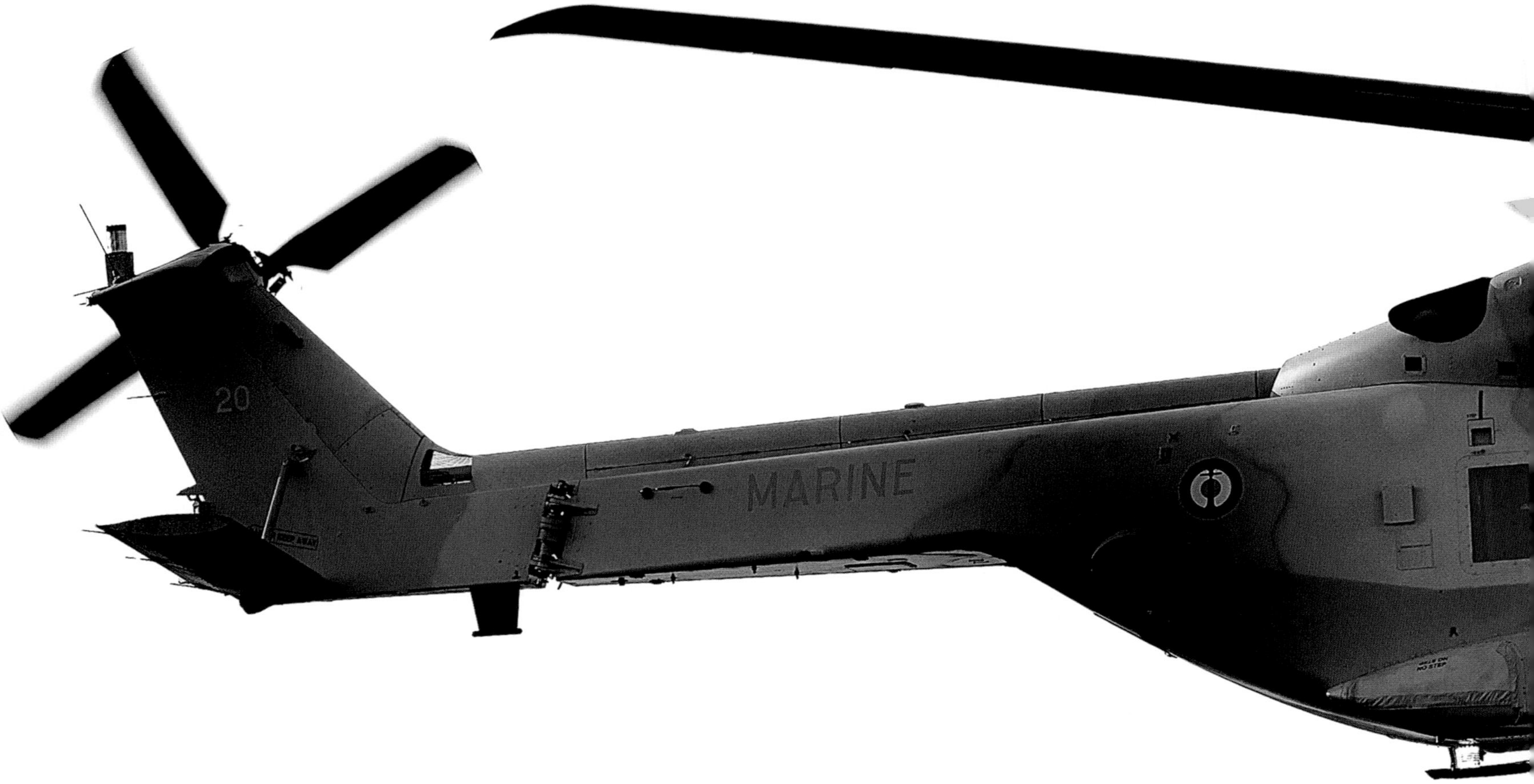

Pour mettre en place un groupe commando depuis un hélicoptère, on peut les descendre sur une corde lisse sur laquelle ils glissent, en rappel depuis les portes de l'hélicoptère ou bien les dropper en palmes au-dessus de la mer. Pour les exfiltrer rapidement, la grappe permet de les monter en l'air les uns au-dessus des autres.

AMICALE
FUSILIERS MARINS
COMMANDOS

L'HÉLICOPTÈRE SE CONSUMERA PENDANT ONZE HEURES

En 1977, la guerre civile fait rage en Éthiopie tandis que la Somalie pénètre dans son territoire en Ogaden, province éthiopienne frontalière. Djibouti, dernier reliquat de l'Empire colonial français dans la région, « Territoire d'Obock et dépendances » de 1885 jusqu'en 1896, puis « Côte française des Somalis » jusqu'en 1967 et enfin « Territoire français des Afars et des Issas », se retrouve donc cernée par les pays en guerre. Ces troubles génèrent l'arrivée sur le territoire de milliers de réfugiés et de déserteurs souvent armés. L'indépendance de Djibouti doit être proclamée le 27 juin de cette même année et afin d'assurer le bon déroulement de la transition, la France renforce son dispositif militaire dans la région. La Marine nationale envoie plusieurs bâtiments de guerre dans la région, dont les deux porte-avions, ainsi que deux unités de commandos Marine partis pour quatre mois avec le matériel adéquat, le commando Jaubert doit finalement rester neuf mois sur le territoire. Sur ces neuf mois, sept sont passés sous tente au camp de la 3e compagnie de la 13e demi-brigade de la Légion étrangère à Ali-Sabieh, village situé à dix kilomètres de la frontière éthiopienne.

« En fin de roulage, l'hélico commence à monter, éteint le projecteur et, après quelques secondes, percute violemment le sol sur son côté gauche... »

Les missions, les raids nomades et les reconnaissances aux frontières se succèdent, la plupart du temps à pied, rarement héliportés.

Le 18 mai au soir, le commando doit être transporté par voie aérienne à Holhol. C'est un village et poste de la Légion étrangère situé au sud-est de Djibouti d'où nous partirons ensuite en raid à la frontière somalienne. À 23 heures, le Super-Frelon se présente de nouveau et embarque un groupe de vingt-quatre commandos pour la deuxième rotation. Comme à l'accoutumée sous ces latitudes, la nuit est très sombre. Chargé au maximum de ses capacités, l'hélicoptère doit faire un départ roulé, projecteur allumé. En fin de roulage, il commence à monter, éteint le projecteur et, après quelques secondes, percute violemment le sol sur son côté gauche, rebondit et se couche sur le flanc. Les morceaux du rotor principal se fracassent et fendent l'air pour aller se ficher dans le sol sablonneux jusqu'à trois cents mètres de l'aéronef. L'hélicoptère s'embrase instantanément et le feu se propage le long de la carlingue tandis que le rotor arrière continue de tourner. À bord, un des caporaux adjoints du commando défonce la rampe arrière à coups de pied et les hommes commencent à s'extraire. L'entraînement est payant, les procédures sont exécutées machinalement et, conformément aux règles, personne ne sort vers le rotor arrière encore en rotation. À l'avant, comme l'appareil est couché sur le flanc, la porte est à 1,80 m de hauteur. Le mécanicien de bord est juché sur la carlingue en feu et aide les hommes à gicler, tandis qu'à l'intérieur le second caporal adjoint du groupe pousse les gars du dessous. Là aussi, l'entraînement paye. Avec sacs, armes et brelages, les hommes embarquent plus d'une trentaine de kilos supplémentaires – impossible à soulever sans avoir passé des heures sous la barre de traction.

Sortis, les commandos se regroupent à une distance prudente du crash. La carcasse en flammes illumine le désert. Des milliers d'araignées tarentules sortent du sol et fuient le brasier dans un bruissement auquel s'ajoutent le vacarme des flammes et les grincements de la carlingue contrainte. Deux blessés légers et un plus grave se signalent. On compte les hommes, il en manque un. Deux officiers mariniers ayant empêché les jeunes d'y aller se précipitent vers l'appareil, mais la chaleur les repousse. Les munitions et grenades offensives restées dans des sacs à bord commencent à exploser. La tension, jusqu'ici peu palpable au milieu de l'action, grimpe d'un coup. L'inquiétude se lit dans les regards. Soudain, une silhouette se détache dans l'ombre rougie. Elle court et se rapproche... L'homme était parti tellement loin qu'il en avait perdu le groupe ! Les blessés sont d'abord pris en charge puis nous sommes évacués et nous nous retrouvons dans le mess de la Légion étrangère.

En guise de thérapie, nous buvons et chantons toute la nuit, le lendemain nous repartons participer aux opérations de maintien de l'ordre. L'hélicoptère se consumera pendant onze heures, seules trois armes sur vingt-quatre furent laissées à bord malgré la panique. L'horloge de bord récupérée dans la carcasse trônera longtemps dans le bureau de l'adjudant du commando Jaubert. Peut-être s'y trouve-t-elle encore ?

PREMIÈRE MISSION

« Aucun bruit de vie, de jovialité. Seulement des bâtiments effondrés, des voitures calcinées, des drapeaux noirs en guise d'étendards, le bruit des bombes qui résonne des jours durant. »

Quand je suis déployé pour la première fois, j'ai 21 ans et je suis engagé dans la Marine nationale depuis un an et demi. Au commando Jaubert, je suis le plus jeune de mon groupe, à la fois par l'âge et l'expérience.

Arrivé au Levant où se déroule la mission, je suis plongé dans le grand bain. L'excitation, la fierté, l'incertitude, la peur de décevoir s'entrechoquent violemment. Une ville aussi grande que Bordeaux, celle qui m'a vu naître, accueille nos premières opérations. Mais ici pas de miroir d'eau, de rue Sainte-Catherine, de stade Chaban-Delmas. Aucun bruit de vie, de jovialité. Seulement des bâtiments effondrés, des voitures calcinées, des drapeaux noirs en guise d'étendards, le bruit des bombes qui résonne des jours durant. Tout m'amène à comparer ces lieux à ceux que j'ai connus, en quelques jours l'on passe d'un monde à l'autre et rien n'est similaire.

Ce changement d'univers est brutal, le retour ne l'est pas moins.

Le mortier peut servir à déloger un groupe ennemi retranché dans un lieu difficile ou dangereux d'accès tout en restant à bonne distance, sans être vu de l'ennemi et en sécurité.

UN MATCH DE FOOT INATTENDU

Mi-mai 1992, j'embarque sur le transport de chalands de débarquement *Ouragan* avec mon escouade, la n° 1 du commando Jaubert ou la *Reco*. Nous laissons derrière nous les côtes bretonnes et naviguons vers l'Afrique de l'Ouest, direction le Gabon où nous resterons deux mois.

Après plusieurs jours de mer, nous arrivons enfin. Après avoir quitté l'*Ouragan* pour la terre ferme, nous enchaînons les activités. Notre groupe est envoyé dans la province de Nyanga pour compléter la formation des fusiliers marins commandos gabonais. Au programme: tir, aérocordage*, infiltrations en forêt, raids nautiques, patrouilles fluviales et bien d'autres. Pour un amoureux de l'océan, l'endroit est idyllique. Nous sommes proches d'un village de pêcheurs et logeons dans une villa sans fenêtre face à la plage. On s'endort et on se réveille avec le bruit de magnifiques vagues dans lesquelles nous nous baignons dès le lever du soleil avant de bosser.

« Coup de sifflet final, la France a perdu, mais l'important n'est pas là. Comme beaucoup de moments imprévus, ces quatre-vingt-dix minutes, toutes simples, ont été sensationnelles. »

Idyllique… sauf pour les amateurs de foot en ce début de championnat d'Europe des Nations de football. Ici pas de télévision, pas de radio. En plein Euro de foot, ça râle… à cette époque, on ne connaît pas le wifi, l'explosion d'Internet n'arrivera que quelques années plus tard. Nous sommes le 17 juin et du côté des fans de foot, ça grogne un peu plus car ce soir la France favorite joue contre le Danemark. Je ne suis pas spécialement passionné de foot mais j'apprécie les compétitions sportives, surtout celles qui engagent mon pays. Alors moi aussi j'aurais bien regardé le match. Mais bon, qu'à cela ne tienne! La vie continue et cela ne m'empêche pas d'aller avec deux ou trois irréductibles chercher une caisse de *Régab* dans l'unique commerce du village. Histoire de passer du temps devant l'océan, une bière locale à la main. Chemin faisant, au moment de passer à proximité de la case d'un pêcheur, j'entends les commentaires footballistiques d'un avant-match. C'est de la bouche de Parthénope que provient le dialogue des commentateurs! Alors je jette un regard par l'unique lucarne de la façade. Dans une pièce sobrement meublée, trône sur trois caisses de bière vides une télévision cathodique d'à peine soixante centimètres.

Je préviens immédiatement mes compagnons de fortune en même temps que je me dirige vers le trou qui fait office de porte d'entrée. À l'intérieur, paisiblement installé sur une chaise en bois rafistolée, un monsieur sans âge se prépare à regarder le match. « T.I.A » *This is Africa!* Plus rien ne m'étonne, je suis au fin fond du Gabon et les copains vont peut-être pouvoir voir leur match. Ce vieux pêcheur sait qui nous sommes depuis que nous travaillons à proximité. Je lui demande si, moyennant une participation en caisse de bière, nous pourrions venir voir le match chez lui, sans oublier de lui préciser que nous ne serons pas loin d'une bonne douzaine de gars. L'hospitalité légendaire d'Afrique n'est pas un mythe, et c'est avec un grand sourire qu'il me répond que c'est petit mais qu'il partage ce moment avec plaisir. Ensuite tout s'organise vite, nous partons à deux chercher quelques caisses de bière pour toute l'assemblée pendant qu'un autre prévient le reste du détachement. Le match à peine commencé, nous voici, au grand amusement des gamins du village, dans et autour de la cabane du pêcheur. Deux gars sont à la lucarne, la majeure partie du groupe est assise par terre ou sur des caisses, d'autres sont debout, deux ou trois veinards ont un tabouret de camping pliable et tout le monde tente de se mettre à l'aise sans déranger notre hôte. Et c'est l'effervescence! Mais la joie redescend vite lorsque les Danois ouvrent le score. Mi-temps, réapprovisionnement en *Régab* et c'est reparti. Les commentaires vont toujours bon train. Coup de sifflet final, la France a perdu, mais l'important n'est pas là. Comme beaucoup de moments imprévus, ces quatre-vingt-dix minutes, toutes simples, ont été sensationnelles. Les rires, la spontanéité, la gaieté dans ce cabanon avec ce vieux monsieur généreux qui nous a simplement accueillis chez lui, au bord de l'océan, sont restés gravés dans nos mémoires.

RAID NAUTIQUE LONGUE DISTANCE

Juin 1978, 70 hommes, 7 tonnes de matériel, 245 milles marins, 13 embarcations pneumatiques. Afin de tester l'efficacité de nouveaux moteurs d'embarcations légères de type Zodiac, le commando Jaubert est désigné pour préparer et réaliser un raid nautique longue distance. Il est primordial pour le groupement des commandos de confirmer sa crédibilité dans le domaine nautique. Le concept est simple, rallier Lorient à Plymouth en deux étapes. La première de 115 nautiques de Lorient à l'aber Wrac'h, puis 130 nautiques jusqu'à Plymouth.

« Les zodiacs enfournent, augmentant leur poids par l'eau qui les remplit. Nous marinons parfois jusqu'aux chevilles, nos valeureuses Pataugas ne peuvent plus rien pour nos pieds. »

Les hommes sont motivés. L'adaptation du matériel est plus complexe puisqu'il faut permettre aux hommes de supporter les contraintes d'une navigation de plus de quinze heures en restant opérationnels. Pour cela nous modifions les embarcations avec des sièges de 2 CV Citroën en bancs permettant à quatre hommes de s'asseoir face à la proue pour éviter les oscillations latérales qui fatiguent le corps. La trame de fond est réalisée par le tressage de lance à incendie réformée. Côté sécurité, deux Mark V et deux EDIC sont prévus.

Lundi 19 juin, 3 heures. Vent d'ouest force 2, mer calme, nébulosité* moyenne, visibilité 5 à 10 milles. Les treize canots glissent en ligne de file vers le chenal, croisent l'îlot Saint-Michel, saluent la citadelle de Port-Louis, adoptent la formation puis s'élancent. Nous passons les Glénans, un timide soleil ranime les hommes engourdis par le froid et l'humidité de la nuit. Les pieds inactifs et trempés commencent à devenir douloureux. Eckmühl, la baie d'Audierne, les premiers besoins naturels se font sentir, on se débrouille, comme d'habitude.

11h30. La Plate puis la Vieille se détachent au loin. Avec un clapot et des creux d'un mètre, nous passons le Raz de Sein, la formation se resserre, la vitesse est stabilisée à 14-16 nœuds. Les Tas de Pois, le Toulinguet, la pointe Saint-Mathieu, les antennes du Conquet et Ouessant se devinent plus à l'ouest, puis l'ombre sinistre de l'*Amoco Cadiz*. À vitesse réduite, nous abordons l'aber Wrac'h.

Mercredi 21, 3 heures. Vent d'ouest-sud-ouest, force 3 à 4 avec grains et rafales. Météo acceptable pour les douze prochaines heures.

4 heures. Sur le rail qui fait la route entre la France et l'Angleterre nous croisons cargos, minéraliers, plusieurs porte-containers et un bâtiment soviétique.

8 heures. Des creux d'un mètre et un vent de suroît agitent nos embarcations.

11 heures. Les zodiacs enfournent, augmentant leur poids par l'eau qui les remplit. Nous marinons parfois jusqu'aux chevilles, nos valeureuses Pataugas ne peuvent plus rien pour nos pieds.

12 heures. Le vent s'accentue. La mer se couvre de moutons, il pleut. Nos bateaux commencent à surfer, les problèmes techniques se succèdent. Notre vitesse diminue, la formation demeure homogène, et progresse.

14 heures. Les quarante-neuf mètres du phare d'Eddystone nous saluent. La côte anglaise apparaît. Le pavillon national est alors hissé sur un mât improvisé. Nous pénétrons dans le port de Plymouth à la recherche du comité d'accueil britannique. Après quelques tours et détours, nous nous rendons à l'évidence: nous ne sommes pas vraiment attendus. Qu'importe, nous sommes là, et fiers d'y être. Nous finissons la journée en arpentant les rues de Plymouth en tenue tergal et béret vert sur la tête.

Sur les chaînes de TV locales, les événements de Kolwezi tournent en boucle et nous laissent rêveurs. Mais on ne peut pas être partout à la fois, la prochaine sera pour nous.

ET LÀ, DEVANT MOI, MON FILS

Il fait nuit, je conduis la voiture, ma jeune épouse est assise à côté de moi. Derrière nous, sur la banquette, siège un colis un peu spécial.

Sur le sol français depuis quelques heures, nous venons d'atterrir à Paris-Charles-de-Gaulle avec le groupe. On revient d'Afghanistan.

Après avoir quitté les gars, j'ai tout de suite pris le train pour Lille. Quel bonheur de retrouver ma femme après quatre mois d'absence. Elle est venue me récupérer à la gare dans la soirée et puis, là, nous filons à Berck-sur-Mer nous ressourcer quelques jours. Nous nous sommes mariés deux mois avant mon départ. C'était il y a si longtemps.

Le jour se lève maintenant, la nuit a été courte. Les retrouvailles sont toujours étranges, intenses, riches en émotions. Au petit matin, je découvre enfin ce fameux colis, mon fils de deux mois et demi. Un souvenir gravé éternellement. Ses gazouillis quand je m'approche, une fois face à lui, nos regards qui se croisent, ses grands yeux ouverts et son beau sourire. Me reconnaît-il par la voix, celle qu'il a entendue sur le CD que j'ai fait là-bas ? Ce CD que ma femme lui passait souvent en mon absence, sur lequel j'avais enregistré une courte vidéo, la montagne afghane dans le dos.

« J'étais un mari et un père sans en mesurer l'importance, sans prendre conscience de mes responsabilités. »

Et je suis là désormais, devant lui, moi, son père. Mais j'aurais pu ne jamais avoir cette chance. Comment peut-il savoir d'où je viens, où je suis parti, ce que j'ai dû faire, ce que j'ai vécu et traversé pour, enfin, être ici… devant lui. S'en rendra-t-il compte un jour ?

Parti quatre mois en Afghanistan, jeune opérateur du groupe 2 du commando Trépel, volontaire pour ma première mission opérationnelle, je voulais faire mes preuves pour être enfin accepté par la meute, quitte à laisser mon épouse accoucher sans moi.

Mon fils est né le 16 février 2006. Pendant sa naissance, j'étais sur le terrain depuis plusieurs jours. La date du terme approchait. Dans les ruines d'une vieille bergerie au cœur des montagnes afghanes, allongé à même le sol dans le crottin, les yeux dans le ciel étoilé, loin de toute civilisation, j'avais pu exceptionnellement utiliser le téléphone satellite pour prendre des nouvelles. Ce n'était pas encore le moment. C'est uniquement lorsque je suis rentré à la base, deux ou trois jours après, qu'un de mes collègues me l'a annoncé. « Tiens, t'es papa, félicitations ! » Mais qu'est-ce que cela voulait dire ? J'étais un mari et un père sans en mesurer l'importance, sans prendre conscience de mes responsabilités. La photo accrochée au mur près de mon lit poussiéreux, mon épouse tenant dans les bras ce petit bonhomme, était la seule chose que j'avais. Nos échanges étaient limités à de rares appels téléphoniques, des lettres parfois, en fonction des rotations logistiques. Des messages sur bloc-notes aussi, tapés puis transmis par clé USB, filtrés par nos transmetteurs qui se chargeaient de la diffusion par l'unique réseau Internet du camp. Et puis le fameux CD.

Notre mission de quatre mois, c'était du partage, des rencontres, des barbecues, des patrouilles en véhicule, des infiltrations pédestres, des paysages incroyables. C'étaient aussi des heures de quart en haut d'une tour la nuit à se peler les miches, faire ses besoins entre deux planches dans un trou ou dans un bac en métal, le fameux pisse-tube quand le froid te réveille au milieu de la nuit et que l'envie presse, apprécier une bonne douche ou son lit que l'on a laissé pendant plusieurs jours et que l'on retrouve plein de poussière. C'était l'appréhension de sauter sur une mine à chaque déplacement en véhicule, des attentats à la voiture piégée avec des morts et des blessés. Et un combat qui marqua nos vies à jamais. Loïc mourut au combat le 4 mars 2006, dans la vallée de Maruf en Afghanistan en laissant derrière lui une femme et deux enfants.

Et là, devant moi, mon fils.

La vie est étrange. Généreuse quand elle te donne un enfant, implacable quand elle te prend un mari, un père, un fils, un frère.

À Loïc, Aude, Alexis et Éléonore,
À la patrouille d'Arès VII,
À nos familles qui nous soutiennent
dans notre quotidien.

UNE COURSE CONTRE LA MONTRE

Le 20 octobre 1980, la tempête fait rage sur la Bretagne. À Belle-Île-en-Mer, un vent puissant balaye la côte et des creux de plusieurs mètres se forment au large.

Il est 6 h 30 quand le chalut *Élodie* se fait renverser par une vague qui heurte son travers à quelques miles de l'île. Le bateau se retourne et les six marins à son bord se retrouvent prisonniers de la carcasse du navire. L'alerte est donnée par le CROSS – Centre régional opérationnel de surveillance et de sauvetage – d'Étel qui enjoint aux bâtiments de se dérouter et de se rendre le plus rapidement possible sur la zone de l'accident pour aider les naufragés.

La *Sterne*, bâtiment de la Marine nationale qui se trouve dans les eaux avoisinantes, modifie sa route pour prêter main-forte. La mission du petit patrouilleur d'une dizaine de membres d'équipage est de contrôler et surveiller la pêche illégale, notamment celle des Espagnols qui viennent pêcher sans licence jusque dans les eaux françaises. Commandés par le lieutenant de vaisseau Lenoir de la Cochetière, figurent à bord des mécaniciens, cuistos, marins et moi, le Saquo*, comme aime à m'appeler le commandant.

À cette époque, je suis second maître fusilier marin commando, tout juste affecté sur la *Sterne* après avoir fait quelques années aux commandos de Penfentenyo et Trépel. Je suis chargé de la bonne gestion du personnel, j'initie mes nouveaux camarades au tir et les entraîne physiquement pour que le moral soit bon.

En ce samedi matin de tempête, après avoir reçu le communiqué du CROSS, nous faisons route vers le sud de Belle-Île. La navigation est difficile pour l'équipage tant notre petit patrouilleur, chahuté, tangue. Lorsque nous arrivons sur la zone désignée, l'*Élodie* est entre deux eaux, coque face au ciel. Par chance, ses filets de pêches auxquels elle est liée par des funes* lui servent d'ancres flottantes. Les bateaux déjà présents nous informent que deux pêcheurs ont déjà été récupérés mais que deux naufragés sont encore à l'intérieur de la coque, coincés, survivants dans une bulle d'air. Les câbles d'acier reliant l'*Élodie* à ses ancres de fortune sont tendus à bloc et s'ils cèdent, le bateau ira s'abîmer dans les profondeurs de l'Atlantique. C'est une course contre la montre qui se joue. Néanmoins, les conditions météo ne nous permettent pas de plonger dans l'épave.

À 10 heures, le corps inerte du patron de l'*Élodie* est repêché. Le temps passe, les conditions ne faiblissent pas, les chances de retrouver des survivants s'amenuisent.

À 18 heures, le vent n'ayant pas faibli, le CROSS donne l'ordre de quitter la zone. Mais le commandant de la *Sterne* l'entend autrement et passe la nuit près du chalut dans l'attente d'une accalmie. Si mort il y a, les corps inertes doivent être remis à leurs familles.

À 17 heures, dimanche 21 octobre, alors que le vent faiblit, le commandant prend la décision de nous mettre à l'eau. À 24 ans, je suis tout jeune plongeur et la mission que nous allons réaliser demande d'être plongeur aguerri. Mais pas le choix, il faut y aller.

Le commandant me briefe. La claire-voie* du bateau est trop petite pour des plongeurs, il va donc se déséquiper de ses bouteilles afin de passer par l'ouverture et se rendre dans l'habitacle du chalut où se trouvent les corps des pêcheurs. Ensuite il doit me faire passer les corps par ce même passage, leurs pieds en premiers. Ne connaissant pas la corpulence des hommes, je dois les tirer s'ils restent bloqués dans la claire-voie. Je remonterai ensuite les corps un par un, en évitant les filets et les encablures qui traînent à la surface.

« Soudain, à travers mon masque je me retrouve nez à nez avec le visage du pêcheur... »

Les ordres donnés sont clairs, nous nous mettons à l'eau. La descente commence, malgré la faible visibilité nous avançons et évitons les obstacles autour du chalut. Nous y sommes. Le commandant se déséquipe à l'entrée de la claire-voie puis franchit l'ouverture. De longues secondes s'écoulent. Là, je vois apparaître une paire de jambes, je m'empresse de les saisir et les ramène à moi. Puis j'agrippe le corps pour entamer ma remontée, quand soudain, à travers mon masque je me retrouve nez à nez avec le visage du pêcheur, les yeux grands ouverts, écarquillés, le visage noir de mazout. Il est vivant ! Il commence à se débattre pour chercher sa respiration, alors tant bien que mal je monte rapidement jusqu'à la surface. À la surface le pêcheur prend une longue respiration, je le hisse sur le zodiac. Bouleversé par la surprise, j'ai du mal à me concentrer. C'est pour moi une résurrection.

Je dois reprendre mes esprits sans perdre de temps, l'autre naufragé doit être secouru avant qu'il ne manque d'air. Selon la même procédure, le pêcheur est sauvé.

Sur la *Sterne*, l'équipage prend soin des deux rescapés. Ils se nourrissent, se douchent, se reposent avant de retrouver leur famille sur la terre ferme. Ils ont passé trente-six heures enfermés dans une bulle d'air de 1 m sur 1,5 m, transis par le froid, de l'eau jusqu'au torse.

Plus tard, le président Valéry Giscard d'Estaing nous remettra la légion d'honneur et la médaille de chevalier de l'ordre national du Mérite.

L'ÉTRAVE DU PÉTROLIER S'ENFONCE DE 5 À 6 MÈTRES DANS LE FLANC TRIBORD

Cette nuit-là, du 5 au 6 juin 1971, je suis sur le *Surcouf* qui navigue en formation avec le porte-hélicoptères *Arromanches*, l'escorteur d'escadre *Tartu* et le pétrolier *La Saône*, je suis de quart de minuit à deux heures pour vérifier que la relève du personnel d'équipage de passerelle a bien été effectuée. Je leur distribue des casse-croûte, loin d'imaginer que je viens de donner leur dernière ration à ceux qui mourront deux heures plus tard. Ma veille terminée, je rentre me coucher au poste 3, logement des quartiers-maîtres de 1re classe, qui se situe à l'avant sous la coursive centrale*. Je suis tiré de mon sommeil en sursaut par une violente secousse ! Un bruit de ferraille assourdissant. Une collision, c'est certain. Le *Surcouf* a été accroché par le pétrolier soviétique *Général-Boucharov*. L'étrave du pétrolier s'enfonce de 5 à 6 mètres dans le flanc tribord de l'escorteur, sur l'avant de la première cheminée et provoque sa perte.

« Je suis tiré de mon sommeil en sursaut par une violente secousse ! Un bruit de ferraille assourdissant. Une collision, c'est certain. Le *Surcouf* a été accroché par le pétrolier soviétique *Général-Boucharov*. »

Comme tous les copains du poste, je saute de ma bannette et m'habille rapidement. Lorsque je retrouve mon chef, le second maître fusilier commando David, je constate, à l'étendue de la brèche côté tribord, que nous avons été abordés. Aussitôt, il me donne l'ordre de faire le tour des postes situés à l'avant et de diriger le personnel vers la plage arrière pour faire l'appel. Sur l'itinéraire, je passe par l'infirmerie située dans la coursive centrale. Là, gît conscient un de mes plus fidèles camarades, le boulanger. Alors que je lui parle, je touche sa peau rougeâtre qui glisse sous mes doigts. Brûlé de la tête aux pieds. Au moment où je le laisse aux soins du personnel médical, je n'ai pas la capacité de comprendre que je ne reverrai plus cet ami. Il meurt quelques jours plus tard à l'hôpital des grands brûlés de Lyon.

Le personnel est regroupé sur l'arrière du bâtiment et l'appel permet de constater qu'il manque neuf marins. Aucun mouvement de panique, l'évacuation par hélicoptères et embarcations s'effectue en ordre. J'embarque pour ma part dans une barcasse*, direction l'escorteur d'escadre *Tartu* qui se trouve à quelques encablures du *Surcouf*. Une fois hissés sur le pont, tous les regards sont braqués sur notre bâtiment que l'on est en train d'essayer de remorquer. Les câbles se tendent et la partie avant du *Surcouf* se détache, avant de chavirer lentement sur tribord puis d'être engloutie par les flots, l'étrave pointée vers le ciel. De mes yeux coulent quelques larmes à la pensée de notre escorteur coulé, des neuf camarades disparus, de mon ami boulanger.

S'ensuivent alors l'arrivée à Carthagène à bord du *Tartu* puis la navigation vers Toulon, le long trajet en train jusqu'à la Bretagne – où, pour oublier, nous buvons au wagon bar avec les copains du *Surcouf* – et enfin huit jours de permission avant de rejoindre Brest où notre équipage a été transféré. La cérémonie religieuse a lieu à l'église Saint-Louis de Brest, la cérémonie militaire à Toulon, que tous les gars qui portent les cercueils des disparus rejoignent en Transall. Pour la première fois repose sur mes épaules le tragique honneur de bois recouvert du drapeau tricolore, qui fait le malheur des familles et des amis.

Le reste du *Surcouf* est arrivé à Toulon, il faut le désarmer. C'est à cette tâche que nous nous attelons pendant un mois, dans la sueur et le sel, dans la fraternité qui nous unissait sur ce bâtiment et le souvenir de nos camarades partis à jamais.

Le commando Ponchardier est le 7e commando. C'est un commando d'appui aux opérations spéciales. Sur la mer, sur terre ou dans les airs, leurs différentes spécialités telles que le pilotage d'Ecume (embarcation rapide sur la mer), la maintenance du matériel et des engins sont essentielles au bon fonctionnement de toutes les autres unités de commandos.

3H45, LE BLOCUS A ÉTÉ ROMPU

Fin des années 1980, c'est l'ébauche de la loi Le Drian, ministre de la Mer, son but est de moderniser l'économie portuaire asphyxiée par les privilèges, d'un autre âge, des ouvriers dockers. Bien entendu le corporatisme de la profession ne l'entend pas ainsi et les grèves se multiplient. Le port de Marseille est une nouvelle fois bloqué, aucun navire ne peut entrer ou sortir depuis de nombreux jours. À la veille des fêtes de fin d'année, le bras de fer atteint son paroxysme.

Le gouvernement décide de frapper fort et demande à Hubert de lever le blocus. Bien entendu, sans que cela ne transpire.

Les dockers ont tiré un gros câble à travers la darse*, des quais de la Joliette à la digue Charcot, interdisant tout passage de navires. Avec Steph B., nous confectionnons, à l'aide de pots de chaux soudés remplis de plastique, des charges spéciales suffisamment puissantes pour sectionner l'obstacle. Avec son binôme Jeannot Z., notre adjoint de section, il ira en plongée poser l'explosif sur le câble. Celui-ci sera actionné par détonateur électrique relié à une ligne de tir enroulée sur son touret*.

Quatre heures après la mise en alerte, nous sommes à Marseille, il est 2 heures du matin. Discrètement nous montons un zodiac au pied de Notre-Dame-de-la-Garde dans une petite anse du quartier du Pharo. Nous sommes à cinq cents mètres en face de la grande jetée qui protège les quais. Tactac et Och restent près du camion. Dans le zodiac embarquent Steph et Jeannot, Patrice V. et moi-même. Nous faisons un détour pour passer derrière la grande digue, à l'abri des regards, et accostons discrètement dans les enrochements à son extrémité.

Tout est calme, l'objectif est au maximum à huit cents mètres. Steph et Jeannot se mettent à l'eau avec les charges amorcées, au mépris des règles élémentaires de sécurité de l'entraînement. Pendant que Patrice assure la couverture, je déroule le touret au fur et à mesure de leur progression sous-marine. Dans moins d'une heure ils seront de retour et je pourrai procéder à la mise à feu. Le fil rouge sur le bouton rouge, le fil noir sur le bouton noir et... BOUM, le tour de passe-passe sera joué !

« Un container poubelle trône sur la digue, je me faufile à l'intérieur, tout en continuant à donner du mou à la ligne de tir. »

Après environ vingt minutes, de puissants projecteurs balaient dans notre direction. Avons-nous été repérés ? Dans le doute, je saute à terre avec le touret pour me cacher entre les rochers. Patrice reste sur le zodiac et s'éloigne discrètement. Les projos intensifient leurs balayements, nous avons sûrement été détectés. Je n'ose pas imaginer les dockers me tombant dessus avec l'exploseur, le touret et nos camarades sous l'eau, l'explosif en main.

Au bout de la digue, les feux d'une voiture apparaissent et se dirigent vers nous. Si je reste là, ils vont à coup sûr me voir. Un container poubelle trône sur la digue, je me faufile à l'intérieur, tout en continuant à donner du mou à la ligne de tir. En levant à peine le couvercle je vois la voiture qui s'immobilise à une vingtaine de mètres. Quatre hommes avec des barres à mine en descendent et viennent dans ma direction. Il y a toutes les chances qu'ils voient le fil du touret et me trouvent planqué au milieu des ordures. Le fil ne tire plus, Steph et Jeannot doivent être arrivés sur l'objectif.

« D'un bond, je sors de ma cache, les quatre hommes sont à moins de cinq mètres et sont surpris. Je dégaine mon Smith et Wesson 357 magnum *stainless*, les mets en joue: « Le premier qui avance je le plombe ! »

Plus le temps de cogiter, d'un bond, je sors de ma cache, les quatre hommes sont à moins de cinq mètres et sont surpris. Je dégaine mon Smith et Wesson 357 magnum *stainless*, les mets en joue et leur somme de ne plus avancer: « Le premier qui avance je le plombe ! » Un des hommes tente de savoir qui je suis, je lui réponds sèchement: « Si tu fais un pas de plus, tu ne te poseras plus jamais de question ! » Devant ma détermination, les quatre hommes n'insistent pas et regagnent leur véhicule en grommelant. Je rejoins Patrice au zodiac et nous préférons nous éloigner vers le centre de la passe. Peu de temps après, un cortège de voitures revient à toute vitesse sur les lieux du crime. Heureusement, nous sommes à plusieurs dizaines de mètres du bord. Cette fois ils sont vingt, furieux, en vociférant ils balancent la poubelle container à l'eau. Sans hésiter ils nous allument avec des fusils de chasse, les plombs crépitent à la surface autour de nous. Nous nous éloignons doucement en pensant à nos copains sous l'eau qui suivent la ligne de tir en guise de fil d'Ariane pour faire le chemin retour.

Ils réapparaissent enfin sans comprendre ce qu'ils font au milieu des passes mais ne mettent pas longtemps à savoir, au bruit des coups de fusils. Patrice les hisse à bord. Sans plus attendre, je branche les fils et actionne fermement l'exploseur. S'ensuit un bruit sourd qui déchire la nuit, suivi d'une gerbe d'eau qui monte à plus de dix mètres de hauteur. Nous ne demandons pas notre reste et, moteur poussé à fond, disparaissons vers le large. Dans la minute qui suit, les commandants de navires bloqués sont prévenus par les autorités et appareillent toutes sirènes hurlantes.

3 h 45, le blocus a été rompu, Marseille est libérée, mission accomplie !

Le lendemain dans les journaux, les ouvriers dockers relatent leur mésaventure en affirmant que des hommes armés leur ont tiré dessus. Il y en a qui ne rougissent pas de mentir ! Ils s'insurgent devant les méthodes employées par le gouvernement qui leur a envoyé des tueurs, les CRS sont cités, le nom d'Hubert n'apparaît pas.

LLD, dit Boboche, n'a pas souhaité être pris en photo, c'est un autre opérateur qui a posé pour illustrer ce récit.

LEXIQUE

UNE NUIT D'INFILTRATION

Kanaks: C'est un peuple autochtone français de Nouvelle-Calédonie dans le Pacifique Sud.
FLNKS: Front de libération nationale kanak et socialiste.

UNE RÉPONSE PROPORTIONNÉE

Tapouille: Petite embarcation rapide.
Gomme cogne: C'est une arme non létale qui projette des billes de caoutchouc.

HUMILITÉ, COURAGE

Glacis: C'est un terme utilisé pour représenter une zone désertique découverte (champs, désert, etc.).

ASSAUT AVEC LE DARK SWAT

Dark SWAT: Unité kurde s'apparentant au GIGN français.

QUATRE HEURES D'INVESTIGATION DANS UN CLIMAT OPPRESSANT

L'opération Barkhane: C'est une opération militaire menée au Sahel et au Sahara par l'Armée française, avec une aide secondaire des armées alliées, qui vise à lutter contre les groupes armés salafistes djihadistes dans toute la région du Sahel.

UNE SEULE SOLUTION, TAPER LES MOTEURS!

Tapouille: Petite embarcation rapide.
Tir de sommation: Tir effectué près de la cible pour la dissuader de continuer son mouvement.

À TRENTE CONTRE SOIXANTE

13e RDP: Le 13e régiment de dragons parachutistes est un régiment parachutiste intégré aux forces spéciales de l'Armée de terre.

UN TIR À 2000M

Balistique: La balistique est l'étude du mouvement de la balle.
Topographie: La topographie est la représentation sur un plan ou une carte des formes et détails visibles sur le terrain, qu'ils soient naturels ou artificiels.

NEUTRALISATION SYNCHRONISÉE D'UNE CELLULE ENNEMIE

Oued: L'oued ou *ouadi* désigne une vallée, c'est un lit de rivière ou de fleuve d'Afrique du Nord ou du Moyen-Orient et des régions semi-désertiques, régulièrement à sec.
Pax: Le « pax » désigne une personne; vient de *passenger* en anglais.
PID: Terme anglais qui signifie *Positive Identification*.
Vert tir: Communication qui donne la possibilité de tirer.

TOUS LES SENS EN ÉVEIL

Futura: Zodiac employé pour le transport discret de personnel.
Bosco: Maître de manœuvre sur un bateau.
Bastingage: Garde-corps sur les navires.
Arrimage: L'arrimage est le fait de fixer du matériel ou personnel à une embarcation marine.
Skiff: Bateau rapide long et mince régulièrement utilisé par les pirates pour être discret et furtif.

ROUTE PIÉGÉE ET PONT BIEN TENU

Oued: L'oued ou *ouadi* désigne une vallée, c'est un lit de rivière ou de fleuve d'Afrique du Nord ou du Moyen-Orient et des régions semi-désertiques, régulièrement à sec.

OBJECTIF ULTIME: NEUTRALISER OU DÉTRUIRE DES CIBLES AU SOL

Aéronefs: Toutes formes d'engins volants.

DES SNIPERS SUR LES TOITS

***Spotter*:** C'est un tireur d'élite expérimenté qui corrige le tir du tireur.

UNE VÉGÉTATION ANORMALEMENT DENSE

1/50000: Une échelle de 1/50000 signifie que 1cm sur la carte représente 50000cm sur le terrain, soit 500m.
Poste de transmission à évasion de fréquence: C'est une radio dont la méthode de transmission de signaux utilise alternativement plusieurs canaux.
Bivouac: Campement en plein air.

CE QU'ON NOUS DEMANDE, CE SONT DES PREUVES

Interarmes: Cela signifie un regroupement de différentes armées (la Marine, l'Armée de terre, l'Armée de l'air et de l'espace).
Pax: Le « pax » désigne une personne; vient de *passenger* en anglais.

SEUL SURVIVANT:

Amerrissage: L'amerrissage est le fait d'atterrir en mer.

UNE NOUVELLE VIE M'ATTEND

Pilatus Turbo Mingo: Petit avion.
Altimètre: Appareil servant à mesurer l'altitude.
Suspentes: Cordage d'un parachute.

FRAPPÉ DE PLEIN FOUET, LOÏC S'EFFONDRE

***Compound*:** Ensemble de petites baraques en terre.
13e RDP: Le 13e régiment de dragons parachutistes est un régiment parachutiste des forces spéciales de l'Armée de terre.

***Gunner*:** Personne postée sur un engin motorisé et faisant usage d'une mitrailleuse.
Ravine: Petit ravin.

ARRI N'A RIEN LÂCHÉ

Métronome: Palmer au métronome signifie palmer en gardant le même coup de palme jusqu'au bout.
***Squale*:** Masque de plongée.
Lunette: Faire une lunette sert à évacuer le trop-plein d'oxygène emmagasiné avec le recycleur.
Hypercapnie: L'hypercapnie correspond à une augmentation de la pression en CO_2 dans le sang.
Natation tactique: C'est le fait de palmer à la surface de l'eau.

DANS L'EAU GLACÉE AVEC UNE BALLE DANS LE POUMON

***Bremsen nicht gut*:** « Ne freine pas bien. »

SEULS POUR PROTÉGER UN VILLAGE

Fellaghas: Les « fellaghas », ou « fell », sont des termes utilisés pour désigner les combattants algériens, marocains et tunisiens entrés en lutte pour l'indépendance de leur pays.
Musette: La musette est un petit sac de transport robuste.

UN TANDEM ORIGINAL

Cynotechnicien: C'est un métier qui consiste à dresser ou éduquer des chiens.

UN MATCH DE FOOT INATTENDU

Aérocordage: C'est l'ensemble des techniques d'évacuation de personnel par arrimage à une corde fixée sur hélicoptère.

RAID NAUTIQUE LONGUE DISTANCE

Nébulosité: C'est le niveau de lumière de nuit.

UNE COURSE CONTRE LA MONTRE

Saquo: Le Saquo est le surnom donné aux fusiliers marins sur bateau. Son travail consiste plus communément à faire la police à bord, on dit qu'il « saque » les marins, d'où le surnom de Saquo.
Fune: Filin servant à tirer le chalut.
Claire-voie: Panneau vitré disposé sur le pont supérieur d'un navire pour laisser passer un maximum de lumière dans l'habitacle.

L'ÉTRAVE DU PÉTROLIER S'ENFONCE DE 5 À 6 MÈTRES DANS LE FLANC TRIBORD

Coursive centrale: La coursive est un couloir de bateau.
Barcasse: Barque déchargeant les marchandises ou les voyageurs à partir d'un navire.

3 H 45, LE BLOCUS A ÉTÉ ROMPU

Darse: C'est un bassin abrité, destiné à l'accostage des navires pour réparation.
Touret: Identique à un moulinet.

NOTA BENE

Les commandos Marine sont les forces spéciales de la Marine nationale. Les sept unités opérationnelles tirent leurs noms d'anciens officiers commandos ayant pris part au débarquement de Normandie en juin 1944 (Charles Trépel, Philippe Kieffer, Augustin Hubert) ou à la guerre d'Indochine (François Jaubert, Louis de Montfort, Alain de Penfentenyo de Kervéréguin, Pierre Ponchardier). Le Commandement des Opérations Spéciales (COS) peut les mandater pour plusieurs missions : libération d'otages, évacuation de ressortissants, renseignement dans la profondeur de lignes ennemies, capture de cibles de haute valeur stratégique. La Marine nationale, elle, les mandate régulièrement pour des opérations de police des pêches ou de trafic illicite.
Les commandos Marine sont considérés comme des références mondiales de forces spéciales et d'unités de contre-terrorisme.

Pour des raisons évidentes, certains opérateurs doivent rester dans l'anonymat. C'est pour cela que vous ne verrez pas leur visage et que les informations en tête de page (nom, description de l'opération, lieu et année) sont parfois volontairement imprécises.
Tous n'ont pas repris une vie civile ordinaire et continuent de collaborer dans des milieux opérationnels, ils doivent donc impérativement rester discrets pour préserver leur sécurité.

REMERCIEMENTS

—

Nos remerciements vont tout d'abord à Steph, le père de Kellian, qui a su nous conseiller et nous a permis de rencontrer ses amis avec de belles histoires.

Merci à tous nos camarades brevetés commandos, les anciens comme les jeunes qui ont laissé leur trace dans cet ouvrage. Merci aussi à ceux qui n'ont pas voulu témoigner mais qui ont tout de même participé à la confection de l'ouvrage.

Un grand merci à Alizée pour son accompagnement et ses précieux conseils durant toute l'aventure de *United We Conquer.*

Remerciements à Teddy de nous avoir fait rencontrer Guillaume et Jean-Philippe qui ont accepté notre collaboration avec Solar Éditions.

Merci à Akhéane et Juliette pour la relecture et la correction des récits.

Merci à Hubert pour les belles illustrations qui remplacent certaines photos.

Nous remercions également l'amiral de Briançon pour la confiance qu'il nous porte et l'honneur qu'il nous fait de rédiger notre préface.

Jean et Kellian

—

Merci à ma famille et aux amis qui ont pris le temps de m'écouter et de discuter afin de m'aiguiller. Leurs remarques m'ont permis d'envisager mon travail sous différents angles et ont contribué à sa bonne qualité.

Merci à la cellule de renseignement de Kieffer grâce à qui j'ai pu peaufiner mon travail de photographe.

Mes derniers remerciements vont à mon groupe, le GAS 2 de Jaubert. À mes frères qui, pour beaucoup, ont emprunté la voie des groupes spécialisés. Merci à eux qui ont su faire ressortir le meilleur de moi même.

Kellian

—

Merci aux copains du STAC 155, Briance, Reuns, Goda, Gigi, Bibo, Nando, Adler, Bebel et Bidou, qui m'ont tant appris.

Merci à mes amis Dav, Roco, Kerhu, Ménard, Dewynt et Sol pour ces beaux souvenirs.

Merci à ma chère Mercédès pour sa précieuse relecture.

Jean

ISBN : 978-2-263-18322-5
Code éditeur: L18322/02
Dépôt légal : novembre 2023
Retrouvez-nous sur www.lisez.com

Solar, un département d'Édi8

Directeur: Didier Férat
Direction éditoriale: Jean-Philippe Bouchard
Édition: Corentin Bréhard
Conception graphique et réalisation: Loïc Levêque
Fabrication: Emmanuelle Laine
Photogravure: Graphium

Imprimé en Belgique par Graphius.